Μήδεια - Βάκχαι

Medea and Bacchae

Εύριπίδης

Euripedes

Medea and Bacchae
Copyright 2013 © Jiahu Books
First Published in Great Britain in 2013 by Jiahu Books –
part of Richardson-Prachai Solutions Ltd, Egerton Gate,
Milton Keynes, MK5 7HH
ISBN: 978-1-909669-76-5
Conditions of sale
All rights reserved. You must not circulate this book in any other binding or cover and you must impose the same condition on any acquirer.
A CIP catalogue record for this book is available from the British Library.
Visit us at: **jiahubooks.co.uk**

ΜΉΔΕΙΑ 5

ΒΆΚΧΑΙ 58

ΜΉΔΕΙΑ

ΤΡΟΦΟΣ
Εἴθ' ὤφελ' Ἀργοῦς μὴ διαπτάσθαι σκάφος
Κόλχων ἐς αἶαν κυανέας Συμπληγάδας,
μηδ' ἐν νάπαισι Πηλίου πεσεῖν ποτε
τμηθεῖσα πεύκη, μηδ' ἐρετμῶσαι χέρας
ἀνδρῶν ἀρίστων. οἳ τὸ πάγχρυσον δέρας
Πελίᾳ μετῆλθον. οὐ γὰρ ἂν δέσποιν' ἐμὴ
Μήδεια πύργους γῆς ἔπλευσ' Ἰωλκίας
ἔρωτι θυμὸν ἐκπλαγεῖσ' Ἰάσονος·
οὐδ' ἂν κτανεῖν πείσασα Πελιάδας κόρας
πατέρα κατῴκει τήνδε γῆν Κορινθίαν 10
ξὺν ἀνδρὶ καὶ τέκνοισιν, ἀνδάνουσα μὲν
φυγῇ πολιτῶν ὧν ἀφίκετο χθόνα,
αὐτή τε πάντα ξυμφέρουσ' Ἰάσονι·
ἥπερ μεγίστη γίγνεται σωτηρία,
ὅταν γυνὴ πρὸς ἄνδρα μὴ διχοστατῇ.
νῦν δ' ἐχθρὰ πάντα, καὶ νοσεῖ τὰ φίλτατα.
προδοὺς γὰρ αὑτοῦ τέκνα δεσπότιν τ' ἐμὴν
γάμοις Ἰάσων βασιλικοῖς εὐνάζεται,
γήμας Κρέοντος παῖδ', ὃς αἰσυμνᾷ χθονός·
Μήδεια δ' ἡ δύστηνος ἠτιμασμένη 20
βοᾷ μὲν ὅρκους, ἀνακαλεῖ δὲ δεξιάς,
πίστιν μεγίστην, καὶ θεοὺς μαρτύρεται
οἵας ἀμοιβῆς ἐξ Ἰάσονος κυρεῖ.
κεῖται δ' ἄσιτος, σῶμ' ὑφεῖσ' ἀλγηδόσι,

τὸν πάντα συντήκουσα δακρύοις χρόνον,
ἐπεὶ πρὸς ἀνδρὸς ᾔσθετ' ἠδικημένη,
οὔτ' ὄμμ' ἐπαίρουσ' οὔτ' ἀπαλλάσσουσα γῆς
πρόσωπον· ὡς δὲ πέτρος ἢ θαλάσσιος
κλύδων ἀκούει νουθετουμένη φίλων·
ἢν μή ποτε στρέψασα πάλλευκον δέρην 30
αὐτὴ πρὸς αὐτὴν πατέρ' ἀποιμώξῃ φίλον
καὶ γαῖαν οἴκους θ', οὓς προδοῦσ' ἀφίκετο
μετ' ἀνδρὸς ὅς σφε νῦν ἀτιμάσας ἔχει.
ἔγνωκε δ' ἡ τάλαινα συμφορᾶς ὕπο
οἷον πατρῴας μὴ ἀπολείπεσθαι χθονός.
στυγεῖ δὲ παῖδας οὐδ' ὁρῶσ' εὐφραίνεται.
δέδοικα δ' αὐτὴν μή τι βουλεύσῃ νέον·
βαρεῖα γὰρ φρήν, οὐδ' ἀνέξεται κακῶς
πάσχουσ'· ἐγᾦδα τήνδε, δειμαίνω τέ νιν
μὴ θηκτὸν ὤσῃ φάσγανον δι' ἥπατος, 40
σιγῇ δόμους εἰσβᾶσ', ἵν' ἔστρωται λέχος,
ἢ καὶ τύραννον τόν τε γήμαντα κτάνῃ,
κᾆπειτα μείζω συμφορὰν λάβῃ τινά.
δεινὴ γάρ· οὔτοι ῥαδίως γε συμβαλὼν
ἔχθραν τις αὐτῇ καλλίνικον οἴσεται.
ἀλλ' οἵδε παῖδες ἐκ τρόχων πεπαυμένοι
στείχουσι, μητρὸς οὐδὲν ἐννοούμενοι
κακῶν· νέα γὰρ φροντὶς οὐκ ἀλγεῖν φιλεῖ.
ΠΑΙΔΑΓΩΓΟΣ
παλαιὸν οἴκων κτῆμα δεσποίνης ἐμῆς,
τί πρὸς πύλαισι τήνδ' ἄγουσ' ἐρημίαν 50
ἕστηκας, αὐτὴ θρεομένη σαυτῇ κακά;
πῶς σοῦ μόνη Μήδεια λείπεσθαι θέλει;
ΤΡΟΦΟΣ
τέκνων ὀπαδὲ πρέσβυ τῶν Ἰάσονος,
χρηστοῖσι δούλοις ξυμφορὰ τὰ δεσποτῶν

κακῶς πίτνοντα, καὶ φρενῶν ἀνθάπτεται.
ἐγὼ γὰρ ἐς τοῦτ' ἐκβέβηκ' ἀλγηδόνος,
ὥσθ' ἵμερός μ' ὑπῆλθε γῇ τε κοὐρανῷ
λέξαι μολούσῃ δεῦρο δεσποίνης τύχας.
ΠΑΙΔΑΓΩΓΟΣ
οὔπω γὰρ ἡ τάλαινα παύεται γόων;
ΤΡΟΦΟΣ
ζηλῶ σ'· ἐν ἀρχῇ πῆμα κοὐδέπω μεσοῖ. 60
ΠΑΙΔΑΓΩΓΟΣ
ὦ μῶρος—εἰ χρὴ δεσπότας εἰπεῖν τόδε·
ὡς οὐδὲν οἶδε τῶν νεωτέρων κακῶν.
ΤΡΟΦΟΣ
τί δ' ἔστιν, ὦ γεραιέ; μὴ φθόνει φράσαι.
ΠΑΙΔΑΓΩΓΟΣ
οὐδέν· μετέγνων καὶ τὰ πρόσθ' εἰρημένα.
ΤΡΟΦΟΣ
μή, πρὸς γενείου, κρύπτε σύνδουλον σέθεν·
σιγὴν γάρ, εἰ χρή, τῶνδε θήσομαι πέρι.
ΠΑΙΔΑΓΩΓΟΣ
ἤκουσά του λέγοντος, οὐ δοκῶν κλύειν,
πεσσοὺς προσελθών, ἔνθα δὴ παλαίτατοι
θάσσουσι, σεμνὸν ἀμφὶ Πειρήνης ὕδωρ,
ὡς τούσδε παῖδας γῆς ἐλᾶν Κορινθίας 70
σὺν μητρὶ μέλλοι τῆσδε κοίρανος χθονὸς
Κρέων. ὁ μέντοι μῦθος εἰ σαφὴς ὅδε
οὐκ οἶδα· βουλοίμην δ' ἂν οὐκ εἶναι τόδε.
ΤΡΟΦΟΣ
καὶ ταῦτ' Ἰάσων παῖδας ἐξανέξεται
πάσχοντας, εἰ καὶ μητρὶ διαφορὰν ἔχει;
ΠΑΙΔΑΓΩΓΟΣ
παλαιὰ καινῶν λείπεται κηδευμάτων,
κοὐκ ἔστ' ἐκεῖνος τοῖσδε δώμασιν φίλος.

ΤΡΟΦΟΣ
ἀπωλόμεσθ' ἄρ', εἰ κακὸν προσοίσομεν
νέον παλαιῷ, πρὶν τόδ' ἐξηντληκέναι.
ΠΑΙΔΑΓΩΓΟΣ
ἀτὰρ σύ γ'—οὐ γὰρ καιρὸς εἰδέναι τόδε 80
δέσποιναν—ἡσύχαζε καὶ σίγα λόγον.
ΤΡΟΦΟΣ
ὦ τέκν', ἀκούεθ' οἷος εἰς ὑμᾶς πατήρ;
ὄλοιτο μὲν μή· δεσπότης γάρ ἐστ' ἐμός·
ἀτὰρ κακός γ' ὢν ἐς φίλους ἁλίσκεται.
ΠΑΙΔΑΓΩΓΟΣ
τίς δ' οὐχὶ θνητῶν; ἄρτι γιγνώσκεις τόδε,
ὡς πᾶς τις αὑτὸν τοῦ πέλας μᾶλλον φιλεῖ,
οἳ μὲν δικαίως, οἳ δὲ καὶ κέρδους χάριν,
εἰ τούσδε γ' εὐνῆς οὕνεκ' οὐ στέργει πατήρ.
ΤΡΟΦΟΣ
ἴτ'—εὖ γὰρ ἔσται—δωμάτων ἔσω, τέκνα.
σὺ δ' ὡς μάλιστα τούσδ' ἐρημώσας ἔχε 90
καὶ μὴ πέλαζε μητρὶ δυσθυμουμένῃ.
ἤδη γὰρ εἶδον ὄμμα νιν ταυρουμένην
τοῖσδ', ὥς τι δρασείουσαν· οὐδὲ παύσεται
χόλου, σάφ' οἶδα, πρὶν κατασκῆψαί τινα...
ἐχθρούς γε μέντοι, μὴ φίλους, δράσειέ τι.
ΜΗΔΕΙΑ <ἔνδοθεν>
ἰώ,
δύστανος ἐγὼ μελέα τε πόνων,
ἰώ μοί μοι, πῶς ἂν ὀλοίμαν;
ΤΡΟΦΟΣ
τόδ' ἐκεῖνο, φίλοι παῖδες· μήτηρ
κινεῖ κραδίαν, κινεῖ δὲ χόλον.
σπεύσατε θᾶσσον δώματος εἴσω 100
καὶ μὴ πελάσητ' ὄμματος ἐγγύς,

μηδὲ προσέλθητ', ἀλλὰ φυλάσσεσθ'
ἄγριον ἦθος στυγεράν τε φύσιν
φρενὸς αὐθάδους.—
ἴτε νῦν, χωρεῖθ' ὡς τάχος εἴσω.—
δῆλον δ' ἀρχῆς ἐξαιρόμενον
νέφος οἰμωγῆς ὡς τάχ' ἀνάψει
μείζονι θυμῷ· τί ποτ' ἐργάσεται
μεγαλόσπλαγχνος δυσκατάπαυστος
ψυχὴ δηχθεῖσα κακοῖσιν; 110
ΜΗΔΕΙΑ
αἰαῖ,
ἔπαθον τλάμων ἔπαθον μεγάλων
ἄξι' ὀδυρμῶν· ὦ κατάρατοι
παῖδες ὄλοισθε στυγερᾶς ματρὸς
σὺν πατρί, καὶ πᾶς δόμος ἔρροι.
ΤΡΟΦΟΣ ἰώ μοί μοι, ἰώ τλήμων.
τί δέ σοι παῖδες πατρὸς ἀμπλακίας
μετέχουσι; τί τούσδ' ἔχθεις; οἴμοι,
τέκνα, μή τι πάθηθ' ὡς ὑπεραλγῶ.
δεινὰ τυράννων λήματα καί πως
ὀλίγ' ἀρχόμενοι, πολλὰ κρατοῦντες 120
χαλεπῶς ὀργὰς μεταβάλλουσιν.
τὸ γὰρ εἰθίσθαι ζῆν ἐπ' ἴσοισιν
κρεῖσσον· ἐμοὶ γοῦν ἐν μὴ μεγάλοις
ὀχυρῶς γ' εἴη καταγηράσκειν.
τῶν γὰρ μετρίων πρῶτα μὲν εἰπεῖν
τοὔνομα νικᾷ, χρῆσθαί τε μακρῷ
λῷστα βροτοῖσιν· τὰ δ' ὑπερβάλλοντ'
οὐδένα καιρὸν δύναται θνητοῖς·
μείζους δ' ἄτας, ὅταν ὀργισθῇ
δαίμων οἴκοις, ἀπέδωκεν. 130

ΧΟΡΟΣ
ἔκλυον φωνάν, ἔκλυον δὲ βοὰν
τᾶς δυστάνου Κολχίδος, οὐδέ πω
ἤπιος· ἀλλ' ὦ γηραιά,
λέξον· ἐπ' ἀμφιπύλου γὰρ ἔσω μελάθρου βοὰν
ἔκλυον· οὐδὲ συνήδομαι, ὦ γύναι, ἄλγεσιν
δώματος· ἐπεί μοι φίλον κέκρανται.
ΤΡΟΦΟΣ
οὐκ εἰσὶ δόμοι· φροῦδα τάδ' ἤδη.
τὸν μὲν γὰρ ἔχει λέκτρα τυράννων,   140
ἃ δ' ἐν θαλάμοις τάκει βιοτὰν
δέσποινα, φίλων οὐδενὸς οὐδὲν
παραθαλπομένα φρένα μύθοις.
ΜΗΔΕΙΑ
αἰαῖ· ὦ Ζεῦ καὶ Γᾶ καὶ Φῶς·
διά μου κεφαλᾶς φλὸξ οὐρανία
βαίη· τί δέ μοι ζῆν ἔτι κέρδος;
φεῦ φεῦ· θανάτῳ καταλυσαίμαν
βιοτὰν στυγερὰν προλιποῦσα.
ΧΟΡΟΣ
 ἄιες· ὦ Ζεῦ καὶ γᾶ καὶ φῶς· [στρ.
ἀχὰν οἵαν ἁ δύστανος 150
μέλπει νύμφα;
— τίς σοί ποτε τᾶς ἀπλάτου
κοίτας ἔρος, ὦ ματαία;
σπεύσει θανάτου τελευτά·
μηδὲν τόδε λίσσου.
— εἰ δὲ σὸς πόσις
καινὰ λέχη σεβίζει,
κείνῳ τόδε· μὴ χαράσσου·
— Ζεύς σοι τάδε συνδικήσει. μὴ λίαν
τάκου δυρομένα σὸν εὐνάταν.

ΜΗΔΕΙΑ
ὦ μεγάλα Θέμι καὶ πότνι' Ἄρτεμι 160
λεύσσεθ' ἃ πάσχω, μεγάλοις ὅρκοις
ἐνδησαμένα τὸν κατάρατον
πόσιν; ὅν ποτ' ἐγὼ νύμφαν τ' ἐσίδοιμ'
αὐτοῖς μελάθροις διακναιομένους,
οἷ' ἐμὲ πρόσθεν τολμῶσ' ἀδικεῖν.
ὦ πάτερ, ὦ πόλις, ὧν ἀπενάσθην
αἰσχρῶς τὸν ἐμὸν κτείνασα κάσιν.

ΤΡΟΦΟΣ
κλύεθ' οἷα λέγει κἀπιβοᾶται
Θέμιν εὐκταίαν Ζῆνά θ', ὃς ὅρκων
θνητοῖς ταμίας νενόμισται; 170
οὐκ ἔστιν ὅπως ἔν τινι μικρῷ
δέσποινα χόλον καταπαύσει.

ΧΟΡΟΣ
πῶς ἂν ἐς ὄψιν τὰν ἁμετέραν [ἀντ.
ἔλθοι μύθων τ' αὐδαθέντων
δέξαιτ' ὀμφάν;
— εἴ πως βαρύθυμον ὀργὰν
καὶ λῆμα φρενῶν μεθείη,
μήτοι τό γ' ἐμὸν πρόθυμον
φίλοισιν ἀπέστω.
— ἀλλὰ βᾶσά νιν 180
δεῦρο πόρευσον οἴκων
ἔξω· φίλα καὶ τάδ' αὔδα.
— σπεῦσον πρίν τι κακῶσαι τοὺς εἴσω·
πένθος γὰρ μεγάλως τόδ' ὁρμᾶται.

ΤΡΟΦΟΣ
δράσω τάδ'· ἀτὰρ φόβος εἰ πείσω
δέσποιναν ἐμήν·
μόχθου δὲ χάριν τήνδ' ἐπιδώσω.

καίτοι τοκάδος δέργμα λεαίνης
ἀποταυροῦται δμωσίν, ὅταν τις
μῦθον προφέρων πέλας ὁρμηθῇ.
σκαιοὺς δὲ λέγων κοὐδέν τι σοφοὺς 190
τοὺς πρόσθε βροτοὺς οὐκ ἂν ἁμάρτοις,
οἵτινες ὕμνους ἐπὶ μὲν θαλίαις
ἐπί τ' εἰλαπίναις καὶ παρὰ δείπνοις
ηὕροντο βίου τερπνὰς ἀκοάς·
στυγίους δὲ βροτῶν οὐδεὶς λύπας
ηὕρετο μούσῃ καὶ πολυχόρδοις
ᾠδαῖς παύειν, ἐξ ὧν θάνατοι
δειναί τε τύχαι σφάλλουσι δόμους.
καίτοι τάδε μὲν κέρδος ἀκεῖσθαι
μολπαῖσι βροτούς· ἵνα δ' εὔδειπνοι 200
δαῖτες, τί μάτην τείνουσι βοήν;
τὸ παρὸν γὰρ ἔχει τέρψιν ἀφ' αὑτοῦ
δαιτὸς πλήρωμα βροτοῖσιν.

ΧΟΡΟΣ
ἰαχὰν ἄιον πολύστονον γόων,
λιγυρὰ δ' ἄχεα μογερὰ βοᾷ
τὸν ἐν λέχει προδόταν κακόνυμφον·
θεοκλυτεῖ δ' ἄδικα παθοῦσα
τὰν Ζηνὸς ὁρκίαν Θέμιν,
ἅ νιν ἔβασεν
Ἑλλάδ' ἐς ἀντίπορον 210
δι' ἅλα νύχιον ἐφ' ἁλμυρὰν
πόντου κλῇδ' ἀπέραντον.

ΜΗΔΕΙΑ
Κορίνθιαι γυναῖκες, ἐξῆλθον δόμων,
μή μοί τι μέμφησθ'· οἶδα γὰρ πολλοὺς βροτῶν
σεμνοὺς γεγῶτας, τοὺς μὲν ὀμμάτων ἄπο,
τοὺς δ' ἐν θυραίοις· οἱ δ' ἀφ' ἡσύχου ποδὸς

δύσκλειαν ἐκτήσαντο καὶ ῥαθυμίαν.
δίκη γὰρ οὐκ ἔνεστ' ἐν ὀφθαλμοῖς βροτῶν,
ὅστις πρὶν ἀνδρὸς σπλάγχνον ἐκμαθεῖν σαφῶς 220
στυγεῖ δεδορκώς, οὐδὲν ἠδικημένος. ...
χρὴ δὲ ξένον μὲν κάρτα προσχωρεῖν πόλει ..
οὐδ' ἀστὸν ᾔνεσ' ὅστις αὐθάδης γεγὼς
πικρὸς πολίταις ἐστὶν ἀμαθίας ὕπο.
ἐμοὶ δ' ἄελπτον πρᾶγμα προσπεσὸν τόδε
ψυχὴν διέφθαρκ'· οἴχομαι δὲ καὶ βίου
χάριν μεθεῖσα κατθανεῖν χρῄζω, φίλαι.
ἐν ᾧ γὰρ ἦν μοι πάντα γιγνώσκειν καλῶς,
κάκιστος ἀνδρῶν ἐκβέβηχ' οὑμὸς πόσις.
πάντων δ' ὅσ' ἔστ' ἔμψυχα καὶ γνώμην ἔχει 230
γυναῖκές ἐσμεν ἀθλιώτατον φυτόν·
ἃς πρῶτα μὲν δεῖ χρημάτων ὑπερβολῇ
πόσιν πρίασθαι, δεσπότην τε σώματος
λαβεῖν· κακοῦ γὰρ τοῦτ' ἔτ' ἄλγιον κακόν.
κἀν τῷδ' ἀγὼν μέγιστος, ἢ κακὸν λαβεῖν
ἢ χρηστόν. οὐ γὰρ εὐκλεεῖς ἀπαλλαγαὶ
γυναιξίν, οὐδ' οἷόν τ' ἀνήνασθαι πόσιν.
ἐς καινὰ δ' ἤθη καὶ νόμους ἀφιγμένην
δεῖ μάντιν εἶναι, μὴ μαθοῦσαν οἴκοθεν,
ὅτῳ μάλιστα χρήσεται ξυνευνέτῃ. 240
κἂν μὲν τάδ' ἡμῖν ἐκπονουμέναισιν εὖ
πόσις ξυνοικῇ μὴ βίᾳ φέρων ζυγόν,
ζηλωτὸς αἰών· εἰ δὲ μή, θανεῖν χρεών.
ἀνὴρ δ', ὅταν τοῖς ἔνδον ἄχθηται ξυνών,
ἔξω μολὼν ἔπαυσε καρδίαν ἄσης·
[ἢ πρὸς φίλον τιν' ἢ πρὸς ἥλικα τραπείς·
ἡμῖν δ' ἀνάγκη πρὸς μίαν ψυχὴν βλέπειν.
λέγουσι δ' ἡμᾶς ὡς ἀκίνδυνον βίον
ζῶμεν κατ' οἴκους, οἳ δὲ μάρνανται δορί·

κακῶς φρονοῦντες· ὡς τρὶς ἂν παρ' ἀσπίδα 250
στῆναι θέλοιμ' ἂν μᾶλλον ἢ τεκεῖν ἅπαξ.
ἀλλ' οὐ γὰρ αὑτὸς πρὸς σὲ κἄμ' ἥκει λόγος·
σοὶ μὲν πόλις θ' ἥδ' ἐστὶ καὶ πατρὸς δόμοι
βίου τ' ὄνησις καὶ φίλων συνουσία,
ἐγὼ δ' ἔρημος ἄπολις οὖσ' ὑβρίζομαι
πρὸς ἀνδρός, ἐκ γῆς βαρβάρου λεληισμένη,
οὐ μητέρ', οὐκ ἀδελφόν, οὐχὶ συγγενῆ
μεθορμίσασθαι τῆσδ' ἔχουσα συμφορᾶς.
τοσοῦτον οὖν σου τυγχάνειν βουλήσομαι,
ἤν μοι πόρος τις μηχανή τ' ἐξευρεθῆ 260
πόσιν δίκην τῶνδ' ἀντιτείσασθαι κακῶν,
[τὸν δόντα τ' αὐτῶι θυγατέρ' ἥ τ' ἐγήματο]
σιγᾶν. γυνὴ γὰρ τἄλλα μὲν φόβου πλέα
κακή τ' ἐς ἀλκὴν καὶ σίδηρον εἰσορᾶν·
ὅταν δ' ἐς εὐνὴν ἠδικημένη κυρῆι,
οὐκ ἔστιν ἄλλη φρὴν μιαιφονωτέρα.
ΧΟΡΟΣ
δράσω τάδ'· ἐνδίκως γὰρ ἐκτείσηι πόσιν,
Μήδεια. πενθεῖν δ' οὔ σε θαυμάζω τύχας.
ὁρῶ δὲ καὶ Κρέοντα, τῆσδ' ἄνακτα γῆς,
στείχοντα, καινῶν ἄγγελον βουλευμάτων. 270
ΚΡΕΩΝ
σὲ τὴν σκυθρωπὸν καὶ πόσει θυμουμένην,
Μήδειαν, εἶπον τῆσδε γῆς ἔξω περᾶν
φυγάδα, λαβοῦσαν δισσὰ σὺν σαυτῆι τέκνα·
καὶ μή τι μέλλειν· ὡς ἐγὼ βραβεὺς λόγου
τοῦδ' εἰμί, κοὐκ ἄπειμι πρὸς δόμους πάλιν,
πρὶν ἄν σε γαίας τερμόνων ἔξω βάλω.
ΜΗΔΕΙΑ
αἰαῖ· πανώλης ἡ τάλαιν' ἀπόλλυμαι.
ἐχθροὶ γὰρ ἐξιᾶσι πάντα δὴ κάλων,

κούκ ἔστιν ἄτης εὐπρόσοιστος ἔκβασις.
ἐρήσομαι δὲ καὶ κακῶς πάσχους' ὅμως· 280
τίνος μ' ἕκατι γῆς ἀποστέλλεις, Κρέον;
ΚΡΕΩΝ δέδοικά σ'—οὐδὲν δεῖ παραμπίσχειν λόγους—
μή μοί τι δράσῃς παῖδ' ἀνήκεστον κακόν.
συμβάλλεται δὲ πολλὰ τοῦδε δείματος·
σοφὴ πέφυκας καὶ κακῶν πολλῶν ἴδρις,
λυπῇ δὲ λέκτρων ἀνδρὸς ἐστερημένη.
κλύω δ' ἀπειλεῖν σ', ὡς ἀπαγγέλλουσί μοι,
τὸν δόντα καὶ γήμαντα καὶ γαμουμένην
δράσειν τι. ταῦτ' οὖν πρὶν παθεῖν φυλάξομαι.
κρεῖσσον δέ μοι νῦν πρός σ' ἀπεχθέσθαι, γύναι, 290
ἢ μαλθακισθένθ' ὕστερον μέγα στένειν.
ΜΗΔΕΙΑ
φεῦ φεῦ.
οὐ νῦν με πρῶτον, ἀλλὰ πολλάκις, Κρέον,
ἔβλαψε δόξα μεγάλα τ' εἴργασται κακά.
χρὴ δ' οὔποθ' ὅστις ἀρτίφρων πέφυκ' ἀνὴρ
παῖδας περισσῶς ἐκδιδάσκεσθαι σοφούς·
χωρὶς γὰρ ἄλλης ἧς ἔχουσιν ἀργίας
φθόνον πρὸς ἀστῶν ἀλφάνουσι δυσμενῆ.
σκαιοῖσι μὲν γὰρ καινὰ προσφέρων σοφὰ
δόξεις ἀχρεῖος κοὐ σοφὸς πεφυκέναι·
τῶν δ' αὖ δοκούντων εἰδέναι τι ποικίλον 300
κρείσσων νομισθεὶς ἐν πόλει λυπρὸς φανῇ.
ἐγὼ δὲ καὐτὴ τῆσδε κοινωνῶ τύχης.
σοφὴ γὰρ οὖσα, τοῖς μέν εἰμ' ἐπίφθονος,
τοῖς δ' ἡσυχαία, τοῖς δὲ θατέρου τρόπου,
τοῖς δ' αὖ προσάντης· εἰμὶ δ' οὐκ ἄγαν σοφή.
σὺ δ' οὖν φοβῇ με· μὴ τί πλημμελὲς πάθῃς;
οὐχ ὧδ' ἔχει μοι μὴ τρέσῃς ἡμᾶς, Κρέον
ὥστ' ἐς τυράννους ἄνδρας ἐξαμαρτάνειν.

σὺ γὰρ τί μ' ἠδίκηκας; ἐξέδου κόρην
ὅτῳ σε θυμὸς ἦγεν. ἀλλ' ἐμὸν πόσιν 310
μισῶ· σὺ δ', οἶμαι, σωφρονῶν ἔδρας τάδε.
καὶ νῦν τὸ μὲν σὸν οὐ φθονῶ καλῶς ἔχειν·
νυμφεύετ', εὖ πράσσοιτε· τήνδε δὲ χθόνα
ἐᾶτέ μ' οἰκεῖν. καὶ γὰρ ἠδικημένοι
σιγησόμεσθα, κρεισσόνων νικώμενοι.

ΚΡΕΩΝ
λέγεις ἀκοῦσαι μαλθάκ', ἀλλ' ἔσω φρενῶν
ὀρρωδία μοι μή τι βουλεύσῃς κακόν,
τόσῳ δέ γ' ἧσσον ἢ πάρος πέποιθά σοι·
γυνὴ γὰρ ὀξύθυμος, ὡς δ' αὕτως ἀνήρ,
ῥᾴων φυλάσσειν ἢ σιωπηλὸς σοφός. 320
ἀλλ' ἔξιθ' ὡς τάχιστα, μὴ λόγους λέγε·
ὡς ταῦτ' ἄραρε, κοὐκ ἔχεις τέχνην ὅπως
μενεῖς παρ' ἡμῖν οὖσα δυσμενὴς ἐμοί.

ΜΗΔΕΙΑ
μή, πρός σε γονάτων τῆς τε νεογάμου κόρης.

ΚΡΕΩΝ
λόγους ἀναλοῖς· οὐ γὰρ ἂν πείσαις ποτέ.

ΜΗΔΕΙΑ
ἀλλ' ἐξελᾷς με κοὐδὲν αἰδέσῃ λιτάς;

ΚΡΕΩΝ
φιλῶ γὰρ οὐ σὲ μᾶλλον ἢ δόμους ἐμούς.

ΜΗΔΕΙΑ
ὦ πατρίς, ὥς σου κάρτα νῦν μνείαν ἔχω.

ΚΡΕΩΝ
πλὴν γὰρ τέκνων ἔμοιγε φίλτατον πολύ.

ΜΗΔΕΙΑ
φεῦ φεῦ, βροτοῖς ἔρωτες ὡς κακὸν μέγα. 330

ΚΡΕΩΝ
ὅπως ἄν, οἶμαι, καὶ παραστῶσιν τύχαι.
ΜΗΔΕΙΑ
Ζεῦ, μὴ λάθοι σε τῶνδ᾽ ὃς αἴτιος κακῶν.
ΚΡΕΩΝ
ἕρπ᾽, ὦ ματαία, καί μ᾽ ἀπάλλαξον πόνων.
ΜΗΔΕΙΑ
πονοῦμεν ἡμεῖς κοὐ πόνων κεχρήμεθα.
ΚΡΕΩΝ
τάχ᾽ ἐξ ὀπαδῶν χειρὸς ὠσθήσῃ βίᾳ.
ΜΗΔΕΙΑ
μὴ δῆτα τοῦτό γ᾽, ἀλλά σ᾽ αἰτοῦμαι, Κρέον..
ΚΡΕΩΝ
ὄχλον παρέξεις, ὡς ἔοικας, ὦ γύναι.
ΜΗΔΕΙΑ
φευξούμεθ᾽· οὐ τοῦθ᾽ ἱκέτευσα σοῦ τυχεῖν.
ΚΡΕΩΝ
τί δαὶ βιάζῃ κοὐκ ἀπαλλάσσῃ χερός;
ΜΗΔΕΙΑ
μίαν με μεῖναι τήνδ᾽ ἔασον ἡμέραν 340
καὶ ξυμπερᾶναι φροντίδ᾽ ᾗ φευξούμεθα,
παισίν τ᾽ ἀφορμὴν τοῖς ἐμοῖς, ἐπεὶ πατὴρ
οὐδὲν προτιμᾷ μηχανήσασθαι τέκνοις.
οἴκτιρε δ᾽ αὐτούς· καὶ σύ τοι παίδων πατὴρ
πέφυκας· εἰκὸς δ᾽ ἐστὶν εὔνοιάν σ᾽ ἔχειν.
τοὐμοῦ γὰρ οὔ μοι φροντίς, εἰ φευξούμεθα,
κείνους δὲ κλαίω συμφορᾷ κεχρημένους.
ΚΡΕΩΝ
ἥκιστα τοὐμὸν λῆμ᾽ ἔφυ τυραννικόν,
αἰδούμενος δὲ πολλὰ δὴ διέφθορα·
καὶ νῦν ὁρῶ μὲν ἐξαμαρτάνων, γύναι, 350
ὅμως δὲ τεύξῃ τοῦδε· προυννέπω δέ σοι,

εἴ σ' ἡ 'πιοῦσα λαμπὰς ὄψεται θεοῦ
καὶ παῖδας ἐντὸς τῆσδε τερμόνων χθονός,
θανῇ· λέλεκται μῦθος ἀψευδὴς ὅδε.
νῦν δ', εἰ μένειν δεῖ, μίμν' ἐφ' ἡμέραν μίαν·
οὐ γάρ τι δράσεις δεινὸν ὧν φόβος μ' ἔχει.
ΧΟΡΟΣ [δύστανε γύναι,]
φεῦ φεῦ, μελέα τῶν σῶν ἀχέων.
ποῖ ποτε τρέψῃ; τίνα πρὸς ξενίαν;
ἢ δόμον ἢ χθόνα σωτῆρα κακῶν 360
ἐξευρήσεις;
ὡς εἰς ἄπορόν σε κλύδωνα θεός,
Μήδεια, κακῶν ἐπόρευσε.
ΜΗΔΕΙΑ
κακῶς πέπρακται πανταχῇ· τίς ἀντερεῖ;
ἀλλ' οὔτι ταύτῃ ταῦτα, μὴ δοκεῖτέ πω.
ἔτ' εἴσ' ἀγῶνες τοῖς νεωστὶ νυμφίοις
καὶ τοῖσι κηδεύσασιν οὐ σμικροὶ πόνοι.
δοκεῖς γὰρ ἄν με τόνδε θωπεῦσαί ποτε,
εἰ μή τι κερδαίνουσαν ἢ τεχνωμένην;
οὐδ' ἂν προσεῖπον οὐδ' ἂν ἡψάμην χεροῖν. 370
ὃ δ' ἐς τοσοῦτον μωρίας ἀφίκετο,
ὥστ' ἐξὸν αὐτῷ τἄμ' ἑλεῖν βουλεύματα
γῆς ἐκβαλόντι, τήνδ' ἀφῆκεν ἡμέραν
μεῖναί μ', ἐν ᾗ τρεῖς τῶν ἐμῶν ἐχθρῶν νεκροὺς
θήσω, πατέρα τε καὶ κόρην πόσιν τ' ἐμόν.
πολλὰς δ' ἔχουσα θανασίμους αὐτοῖς ὁδούς,
οὐκ οἶδ' ὁποίᾳ πρῶτον ἐγχειρῶ, φίλαι·
πότερον ὑφάψω δῶμα νυμφικὸν πυρί,
ἢ θηκτὸν ὤσω φάσγανον δι' ἥπατος,
σιγῇ δόμους ἐσβᾶσ', ἵν' ἔστρωται λέχος. 380
ἀλλ' ἕν τί μοι πρόσαντες· εἰ ληφθήσομαι
δόμους ὑπεσβαίνουσα καὶ τεχνωμένη,

θανοῦσα θήσω τοῖς ἐμοῖς ἐχθροῖς γέλων.
κράτιστα τὴν εὐθεῖαν, ᾗ πεφύκαμεν
σοφαὶ μάλιστα, φαρμάκοις αὐτοὺς ἐλεῖν.
εἶἑν·
καὶ δὴ τεθνᾶσι· τίς με δέξεται πόλις;
τίς γῆν ἄσυλον καὶ δόμους ἐχεγγύους
ξένος παρασχὼν ῥύσεται τοὐμὸν δέμας;
οὐκ ἔστι. μείνασ' οὖν ἔτι σμικρὸν χρόνον,
ἢν μέν τις ἡμῖν πύργος ἀσφαλὴς φανῇ, 390
δόλῳ μέτειμι τόνδε καὶ σιγῇ φόνον·
ἢν δ' ἐξελαύνῃ ξυμφορά μ' ἀμήχανος,
αὐτὴ ξίφος λαβοῦσα, κεί μέλλω θανεῖν,
κτενῶ σφε, τόλμης δ' εἶμι πρὸς τὸ καρτερόν.
οὐ γὰρ μὰ τὴν δέσποιναν ἣν ἐγὼ σέβω
μάλιστα πάντων καὶ ξυνεργὸν εἱλόμην,
Ἑκάτην, μυχοῖς ναίουσαν ἑστίας ἐμῆς,
χαίρων τις αὐτῶν τοὐμὸν ἀλγυνεῖ κέαρ.
πικροὺς δ' ἐγώ σφιν καὶ λυγροὺς θήσω γάμους,
πικρὸν δὲ κῆδος καὶ φυγὰς ἐμὰς χθονός. 400
ἀλλ' εἶα· φείδου μηδὲν ὧν ἐπίστασαι,
Μήδεια, βουλεύουσα καὶ τεχνωμένη·
ἕρπ' ἐς τὸ δεινόν· νῦν ἀγὼν εὐψυχίας.
ὁρᾷς ἃ πάσχεις· οὐ γέλωτα δεῖ σ' ὀφλεῖν
τοῖς Σισυφείοις τοῖς τ' Ἰάσονος γάμοις,
γεγῶσαν ἐσθλοῦ πατρὸς Ἡλίου τ' ἄπο.
ἐπίστασαι δέ· πρὸς δὲ καὶ πεφύκαμεν
γυναῖκες, ἐς μὲν ἔσθλ' ἀμηχανώταται,
κακῶν δὲ πάντων τέκτονες σοφώταται. 409
ΧΟΡΟΣ
ἄνω ποταμῶν ἱερῶν χωροῦσι παγαί, [στρ.
καὶ δίκα καὶ πάντα πάλιν στρέφεται.
ἀνδράσι μὲν δόλιαι βουλαί, θεῶν δ'

οὐκέτι πίστις ἄραρε·
τὰν δ' ἐμὰν εὔκλειαν ἔχειν βιοτὰν στρέψουσι φᾶμαι·
ἔρχεται τιμὰ γυναικείῳ γένει·
οὐκέτι δυσκέλαδος φάμα γυναῖκας ἕξει. 420

μοῦσαι δὲ παλαιγενέων λήξουσ' ἀοιδῶν [ἀντ.
τὰν ἐμὰν ὑμνεῦσαι ἀπιστοσύναν.
οὐ γὰρ ἐν ἀμετέρᾳ γνώμᾳ λύρας
ὤπασε θέσπιν ἀοιδὰν
Φοῖβος, ἀγήτωρ μελέων· ἐπεὶ ἀντάχησ' ἂν ὕμνον
ἀρσένων γέννᾳ. μακρὸς δ' αἰὼν ἔχει
πολλὰ μὲν ἀμετέραν ἀνδρῶν τε μοῖραν εἰπεῖν. 430
σὺ δ' ἐκ μὲν οἴκων πατρίων ἔπλευσας [στρ.
μαινομένᾳ κραδίᾳ, διδύμους ὁρίσασα πόντου
πέτρας· ἐπὶ δὲ ξένᾳ
ναίεις χθονί, τᾶς ἀνάνδρου
κοίτας ὀλέσασα λέκτρον,
τάλαινα, φυγὰς δὲ χώρας
ἄτιμος ἐλαύνῃ.

βέβακε δ' ὅρκων χάρις, οὐδ' ἔτ' αἰδὼς [ἀντ.
Ἑλλάδι τᾷ μεγάλᾳ μένει, αἰθερία δ' ἀνέπτα. 440
σοὶ δ' οὔτε πατρὸς δόμοι,
δύστανε, μεθορμίσασθαι
μόχθων πάρα, τῶν τε λέκτρων
ἄλλα βασίλεια κρείσσων
δόμοισιν ἐπέστα.
ΙΑΣΩΝ
οὐ νῦν κατεῖδον πρῶτον ἀλλὰ πολλάκις
τραχεῖαν ὀργὴν ὡς ἀμήχανον κακόν.
σοὶ γὰρ παρὸν γῆν τήνδε καὶ δόμους ἔχειν
κούφως φερούσῃ κρεισσόνων βουλεύματα,

λόγων ματαίων οὕνεκ' ἐκπεσῇ χθονός. 450
κἀμοὶ μὲν οὐδὲν πρᾶγμα· μὴ παύσῃ ποτὲ
λέγουσ' Ἰάσον' ὡς κάκιστός ἐστ' ἀνήρ·
ἃ δ' ἐς τυράννους ἐστί σοι λελεγμένα,
πᾶν κέρδος ἡγοῦ ζημιουμένη φυγῇ.
κἀγὼ μὲν αἰεὶ βασιλέων θυμουμένων
ὀργὰς ἀφῄρουν καί σ' ἐβουλόμην μένειν·
σὺ δ' οὐκ ἀνίεις μωρίας, λέγουσ' ἀεὶ
κακῶς τυράννους· τοιγὰρ ἐκπεσῇ χθονός.
ὅμως δὲ κἀκ τῶνδ' οὐκ ἀπειρηκὼς φίλοις
ἥκω, τὸ σὸν δὲ προσκοπούμενος, γύναι, 460
ὡς μήτ' ἀχρήμων σὺν τέκνοισιν ἐκπέσῃς
μήτ' ἐνδεής του· πόλλ' ἐφέλκεται φυγὴ
κακὰ ξὺν αὑτῇ. καὶ γὰρ εἰ σύ με στυγεῖς,
οὐκ ἂν δυναίμην σοὶ κακῶς φρονεῖν ποτε.
ΜΗΔΕΙΑ ὦ παγκάκιστε, τοῦτο γάρ σ' εἰπεῖν ἔχω,
γλώσσῃ μέγιστον εἰς ἀνανδρίαν κακόν·
ἦλθες πρὸς ἡμᾶς, ἦλθες ἔχθιστος γεγώς;
[θεοῖς τε κἀμοὶ παντί τ' ἀνθρώπων γένει;]
οὔτοι θράσος τόδ' ἐστὶν οὐδ' εὐτολμία,
φίλους κακῶς δράσαντ' ἐναντίον βλέπειν, 470
ἀλλ' ἡ μεγίστη τῶν ἐν ἀνθρώποις νόσων
πασῶν, ἀναίδει'· εὖ δ' ἐποίησας μολών·
ἐγώ τε γὰρ λέξασα κουφισθήσομαι
ψυχὴν κακῶς σε καὶ σὺ λυπήσῃ κλύων.
ἐκ τῶν δὲ πρώτων πρῶτον ἄρξομαι λέγειν.
ἔσωσά σ', ὡς ἴσασιν Ἑλλήνων ὅσοι
ταὐτὸν συνεισέβησαν Ἀργῷον σκάφος,
πεμφθέντα ταύρων πυρπνόων ἐπιστάτην
ζεύγλῃσι καὶ σπεροῦντα θανάσιμον γύην·
δράκοντά θ', ὃς πάγχρυσον ἀμπέχων δέρας 480
σπείραις ἔσῳζε πολυπλόκοις ἄυπνος ὤν,

κτείνασ' ἀνέσχον σοὶ φάος σωτήριον.
αὐτὴ δὲ πατέρα καὶ δόμους προδοῦσ' ἐμοὺς
τὴν Πηλιῶτιν εἰς Ἰωλκὸν ἱκόμην
σὺν σοί, πρόθυμος μᾶλλον ἢ σοφωτέρα·
Πελίαν τ' ἀπέκτειν', ὥσπερ ἄλγιστον θανεῖν,
παίδων ὑπ' αὐτοῦ, πάντα τ' ἐξεῖλον δόμον.
καὶ ταῦθ' ὑφ' ἡμῶν, ὦ κάκιστ' ἀνδρῶν, παθὼν
προύδωκας ἡμᾶς, καινὰ δ' ἐκτήσω λέχη—
παίδων γεγώτων· εἰ γὰρ ἦσθ' ἄπαις ἔτι, 490
συγγνώστ' ἂν ἦν σοι τοῦδ' ἐρασθῆναι λέχους.
ὅρκων δὲ φρούδη πίστις, οὐδ' ἔχω μαθεῖν
ἢ θεοὺς νομίζεις τοὺς τότ' οὐκ ἄρχειν ἔτι,
ἢ καινὰ κεῖσθαι θέσμι' ἀνθρώποις τὰ νῦν,
ἐπεὶ σύνοισθά γ' εἰς ἔμ' οὐκ εὔορκος ὤν.
φεῦ δεξιὰ χείρ, ἧς σὺ πόλλ' ἐλαμβάνου,
καὶ τῶνδε γονάτων, ὡς μάτην κεχρῴσμεθα
κακοῦ πρὸς ἀνδρός, ἐλπίδων δ' ἡμάρτομεν.
ἄγ'· ὡς φίλῳ γὰρ ὄντι σοι κοινώσομαι
—δοκοῦσα μὲν τί πρός γε σοῦ πράξειν καλῶς; 500
ὅμως δ'· ἐρωτηθεὶς γὰρ αἰσχίων φανῇ—
νῦν ποῖ τράπωμαι; πότερα πρὸς πατρὸς δόμους,
οὓς σοὶ προδοῦσα καὶ πάτραν ἀφικόμην;
ἢ πρὸς ταλαίνας Πελιάδας; καλῶς γ' ἂν οὖν
δέξαιντό μ' οἴκοις ὧν πατέρα κατέκτανον.
ἔχει γὰρ οὕτω· τοῖς μὲν οἴκοθεν φίλοις
ἐχθρὰ καθέστηχ', οὓς δέ μ' οὐκ ἐχρῆν κακῶς
δρᾶν, σοὶ χάριν φέρουσα πολεμίους ἔχω.
τοιγάρ με πολλαῖς μακαρίαν Ἑλληνίδων
ἔθηκας ἀντὶ τῶνδε· θαυμαστὸν δέ σε 510
ἔχω πόσιν καὶ πιστὸν ἡ τάλαιν' ἐγώ,
εἰ φεύξομαί γε γαῖαν ἐκβεβλημένη,
φίλων ἔρημος, σὺν τέκνοις μόνη μόνοις—

καλόν γ' ὄνειδος τῷ νεωστὶ νυμφίῳ,
πτωχοὺς ἀλᾶσθαι παῖδας ἥ τ' ἔσωσά σε.
ὦ Ζεῦ, τί δὴ χρυσοῦ μὲν ὃς κίβδηλος ᾖ
τεκμήρι' ἀνθρώποισιν ὤπασας σαφῆ,
ἀνδρῶν δ' ὅτῳ χρὴ τὸν κακὸν διειδέναι,
οὐδεὶς χαρακτὴρ ἐμπέφυκε σώματι;
ΧΟΡΟΣ δεινή τις ὀργὴ καὶ δυσίατος πέλει, 520
ὅταν φίλοι φίλοισι συμβάλωσ' ἔριν.
ΙΑΣΩΝ δεῖ μ', ὡς ἔοικε, μὴ κακὸν φῦναι λέγειν,
ἀλλ' ὥστε ναὸς κεδνὸν οἰακοστρόφον
ἄκροισι λαίφους κρασπέδοις ὑπεκδραμεῖν
τὴν σὴν στόμαργον, ὦ γύναι, γλωσσαλγίαν.
ἐγὼ δ', ἐπειδὴ καὶ λίαν πυργοῖς χάριν,
Κύπριν νομίζω τῆς ἐμῆς ναυκληρίας
σώτειραν εἶναι θεῶν τε κἀνθρώπων μόνην.
σοὶ δ' ἔστι μὲν νοῦς λεπτός—ἀλλ' ἐπίφθονος
λόγος διελθεῖν, ὡς Ἔρως σ' ἠνάγκασε 530
τόξοις ἀφύκτοις τοὐμὸν ἐκσῶσαι δέμας.
ἀλλ' οὐκ ἀκριβῶς αὐτὸ θήσομαι λίαν·
ὅπῃ γὰρ οὖν ὤνησας, οὐ κακῶς ἔχει.
μείζω γε μέντοι τῆς ἐμῆς σωτηρίας
εἴληφας ἢ δέδωκας, ὡς ἐγὼ φράσω.
πρῶτον μὲν Ἑλλάδ' ἀντὶ βαρβάρου χθονὸς
γαῖαν κατοικεῖς καὶ δίκην ἐπίστασαι
νόμοις τε χρῆσθαι μὴ πρὸς ἰσχύος χάριν·
πάντες δέ σ' ᾔσθοντ' οὖσαν Ἕλληνες σοφὴν
καὶ δόξαν ἔσχες· εἰ δὲ γῆς ἐπ' ἐσχάτοις 540
ὅροισιν ᾤκεις, οὐκ ἂν ἦν λόγος σέθεν.
εἴη δ' ἔμοιγε μήτε χρυσὸς ἐν δόμοις
μήτ' Ὀρφέως κάλλιον ὑμνῆσαι μέλος,
εἰ μὴ 'πίσημος ἡ τύχη γένοιτό μοι.
τοσαῦτα μέν σοι τῶν ἐμῶν πόνων πέρι

ἔλεξ᾽· ἅμιλλαν γὰρ σὺ προύθηκας λόγων.
ἃ δ᾽ ἐς γάμους μοι βασιλικοὺς ὠνείδισας,
ἐν τῷδε δείξω πρῶτα μὲν σοφὸς γεγώς,
ἔπειτα σώφρων, εἶτα σοὶ μέγας φίλος
καὶ παισὶ τοῖς ἐμοῖσιν—ἀλλ᾽ ἔχ᾽ ἥσυχος. 550
ἐπεὶ μετέστην δεῦρ᾽ Ἰωλκίας χθονὸς
πολλὰς ἐφέλκων συμφορὰς ἀμηχάνους,
τί τοῦδ᾽ ἂν εὕρημ᾽ ηὗρον εὐτυχέστερον
ἢ παῖδα γῆμαι βασιλέως φυγὰς γεγώς;
οὐχ, ᾗ σὺ κνίζῃ, σὸν μὲν ἐχθαίρων λέχος,
καινῆς δὲ νύμφης ἱμέρῳ πεπληγμένος,
οὐδ᾽ εἰς ἅμιλλαν πολύτεκνον σπουδὴν ἔχων·
ἅλις γὰρ οἱ γεγῶτες οὐδὲ μέμφομαι·
ἀλλ᾽ ὡς, τὸ μὲν μέγιστον, οἰκοῖμεν καλῶς
καὶ μὴ σπανιζοίμεσθα, γιγνώσκων ὅτι 560
πένητα φεύγει πᾶς τις ἐκποδὼν φίλος,
παῖδας δὲ θρέψαιμ᾽ ἀξίως δόμων ἐμῶν
σπείρας τ᾽ ἀδελφοὺς τοῖσιν ἐκ σέθεν τέκνοις
ἐς ταὐτὸ θείην, καὶ ξυναρτήσας γένος
εὐδαιμονοῖμεν. σοί τε γὰρ παίδων τί δεῖ;
ἐμοί τε λύει τοῖσι μέλλουσιν τέκνοις
τὰ ζῶντ᾽ ὀνῆσαι. μῶν βεβούλευμαι κακῶς;
οὐδ᾽ ἂν σὺ φαίης, εἴ σε μὴ κνίζοι λέχος.
ἀλλ᾽ ἐς τοσοῦτον ἥκεθ᾽ ὥστ᾽ ὀρθουμένης
εὐνῆς γυναῖκες πάντ᾽ ἔχειν νομίζετε, 570
ἢν δ᾽ αὖ γένηται ξυμφορά τις ἐς λέχος,
τὰ λῷστα καὶ κάλλιστα πολεμιώτατα
τίθεσθε. χρῆν γὰρ ἄλλοθέν ποθεν βροτοὺς
παῖδας τεκνοῦσθαι, θῆλυ δ᾽ οὐκ εἶναι γένος·
χοὕτως ἂν οὐκ ἦν οὐδὲν ἀνθρώποις κακόν.
ΧΟΡΟΣ
Ἰᾶσον, εὖ μὲν τούσδ᾽ ἐκόσμησας λόγους·

ὅμως δ' ἔμοιγε, κεί παρὰ γνώμην ἐρῶ,
δοκεῖς προδοὺς σὴν ἄλοχον οὐ δίκαια δρᾶν.
ΜΗΔΕΙΑ
ἦ πολλὰ πολλοῖς εἰμι διάφορος βροτῶν.
ἐμοὶ γὰρ ὅστις ἄδικος ὢν σοφὸς λέγειν 580
πέφυκε, πλείστην ζημίαν ὀφλισκάνει·
γλώσσῃ γὰρ αὐχῶν τἄδικ' εὖ περιστελεῖν,
τολμᾷ πανουργεῖν· ἔστι δ' οὐκ ἄγαν σοφός.
ὡς καὶ σὺ μή νυν εἰς ἔμ' εὐσχήμων γένῃ
λέγειν τε δεινός. ἓν γὰρ ἐκτενεῖ σ' ἔπος·
χρῆν σ', εἴπερ ἦσθα μὴ κακός, πείσαντά με
γαμεῖν γάμον τόνδ', ἀλλὰ μὴ σιγῇ φίλων.
ΙΑΣΩΝ
καλῶς γ' ἄν, οἶμαι, τῷδ' ὑπηρέτεις λόγῳ,
εἴ σοι γάμον κατεῖπον, ἥτις οὐδὲ νῦν
τολμᾷς μεθεῖναι καρδίας μέγαν χόλον. 590
ΜΗΔΕΙΑ
οὐ τοῦτό σ' εἶχεν, ἀλλὰ βάρβαρον λέχος
πρὸς γῆρας οὐκ εὔδοξον ἐξέβαινέ σοι.
ΙΑΣΩΝ
εὖ νῦν τόδ' ἴσθι, μὴ γυναικὸς οὕνεκα
γῆμαί με λέκτρα βασιλέων ἃ νῦν ἔχω,
ἀλλ', ὥσπερ εἶπον καὶ πάρος, σῶσαι θέλων
σέ, καὶ τέκνοισι τοῖς ἐμοῖς ὁμοσπόρους
φῦσαι τυράννους παῖδας, ἔρυμα δώμασι.
ΜΗΔΕΙΑ
μή μοι γένοιτο λυπρὸς εὐδαίμων βίος
μηδ' ὄλβος ὅστις τὴν ἐμὴν κνίζοι φρένα.
ΙΑΣΩΝ
οἶσθ' ὡς μέτευξαι, καὶ σοφωτέρα φανῇ; 600
τὰ χρηστὰ μή σοι λυπρὰ φαίνεσθαι ποτέ,
μηδ' εὐτυχοῦσα δυστυχὴς εἶναι δοκεῖν.

ΜΗΔΕΙΑ
ὕβριζ', ἐπειδὴ σοὶ μὲν ἔστ' ἀποστροφή,
ἐγὼ δ' ἔρημος τήνδε φευξοῦμαι χθόνα.
ΙΑΣΩΝ
αὐτὴ τάδ' εἵλου· μηδέν' ἄλλον αἰτιῶ.
ΜΗΔΕΙΑ
τί δρῶσα; μῶν γαμοῦσα καὶ προδοῦσά σε;
ΙΑΣΩΝ
ἀρὰς τυράννοις ἀνοσίους ἀρωμένη.
ΜΗΔΕΙΑ
καὶ σοῖς ἀραία γ' οὖσα τυγχάνω δόμοις.
ΙΑΣΩΝ
ὡς οὐ κρινοῦμαι τῶνδέ σοι τὰ πλείονα.
ἀλλ', εἴ τι βούλῃ παισὶν ἢ σαυτῆς φυγῇ 610
προσωφέλημα χρημάτων ἐμῶν λαβεῖν,
λέγ'· ὡς ἕτοιμος ἀφθόνῳ δοῦναι χερὶ
ξένοις τε πέμπειν σύμβολ', οἳ δράσουσί σ' εὖ.
καὶ ταῦτα μὴ θέλουσα μωρανεῖς, γύναι·
λήξασα δ' ὀργῆς κερδανεῖς ἀμείνονα.
ΜΗΔΕΙΑ
οὔτ' ἂν ξένοισι τοῖσι σοῖς χρησαίμεθ' ἄν,
οὔτ' ἄν τι δεξαίμεσθα, μηδ' ἡμῖν δίδου·
κακοῦ γὰρ ἀνδρὸς δῶρ' ὄνησιν οὐκ ἔχει.

ΙΑΣΩΝ
ἀλλ' οὖν ἐγὼ μὲν δαίμονας μαρτύρομαι,
ὡς πάνθ' ὑπουργεῖν σοί τε καὶ τέκνοις θέλω· 620
σοὶ δ' οὐκ ἀρέσκει τἀγάθ', ἀλλ' αὐθαδίᾳ
φίλους ἀπωθῇ· τοιγὰρ ἀλγυνῇ πλέον.
ΜΗΔΕΙΑ
χώρει· πόθῳ γὰρ τῆς νεοδμήτου κόρης
αἱρῇ χρονίζων δωμάτων ἐξώπιος.

νύμφευ'· ἴσως γάρ—σὺν θεῷ δ' εἰρήσεται—
γαμεῖς τοιοῦτον ὥστε σ' ἀρνεῖσθαι γάμον.

ΧΟΡΟΣ
ἔρωτες ὑπὲρ μὲν ἄγαν [στρ.
ἐλθόντες οὐκ εὐδοξίαν
οὐδ' ἀρετὰν παρέδωκαν
ἀνδράσιν· εἰ δ' ἅλις ἔλθοι 630
Κύπρις, οὐκ ἄλλα θεὸς εὔχαρις οὕτως.
μήποτ', ὦ δέσποιν', ἐπ' ἐμοὶ χρυσέων τόξων ἐφείης
ἱμέρῳ χρίσασ' ἄφυκτον οἰστόν.

στέργοι δέ με σωφροσύνα, [ἀντ.
δώρημα κάλλιστον θεῶν·
μηδέ ποτ' ἀμφιλόγους ὀρ
γὰς ἀκόρεστά τε νείκη
θυμὸν ἐκπλήξασ' ἑτέροις ἐπὶ λέκτροις
προσβάλοι δεινὰ Κύπρις, 640
ἀπτολέμους δ' εὐνὰς σεβίζουσ'
ὀξύφρων κρίνοι λέχη γυναικῶν.

ὦ πατρίς, ὦ δώματα, μὴ [στρ.
δῆτ' ἄπολις γενοίμαν
τὸν ἀμηχανίας ἔχουσα
δυσπέρατον αἰῶν',
οἰκτροτάτων ἀχέων.
θανάτῳ θανάτῳ πάρος δαμείην
ἀμέραν τάνδ' ἐξανύσασα· μό
χθων δ' οὐκ ἄλλος ὕπερθεν ἢ 650
γᾶς πατρίας στέρεσθαι.

εἴδομεν, οὐκ ἐξ ἑτέρων [ἀντ.
μῦθον ἔχω φράσασθαι·

σὲ γὰρ οὔ πόλις, οὔ φίλων τις
ᾤκτισεν παθοῦσαν
δεινότατον παθέων.
ἀχάριστος ὄλοιθ', ὅτῳ πάρεστιν
μὴ φίλους τιμᾶν καθαρᾶν ἀνοί- 660
ξαντα κλῇδα φρενῶν· ἐμοὶ
μὲν φίλος οὔποτ' ἔσται.
ΑΙΓΕΥΣ
Μήδεια, χαῖρε· τοῦδε γὰρ προοίμιον
κάλλιον οὐδεὶς οἶδε προσφωνεῖν φίλους.
ΜΗΔΕΙΑ
ὦ χαῖρε καὶ σύ, παῖ σοφοῦ Πανδίονος,
Αἰγεῦ. πόθεν γῆς τῆσδ' ἐπιστρωφᾷ πέδον;
ΑΙΓΕΥΣ
Φοίβου παλαιὸν ἐκλιπὼν χρηστήριον.
ΜΗΔΕΙΑ
τί δ' ὀμφαλὸν γῆς θεσπιῳδὸν ἐστάλης;
ΑΙΓΕΥΣ
παίδων ἐρευνῶν σπέρμ' ὅπως γένοιτό μοι.
ΜΗΔΕΙΑ
πρὸς θεῶν—ἄπαις γὰρ δεῦρ' ἀεὶ τείνεις βίον;
ΑΙΓΕΥΣ
ἄπαιδές ἐσμεν δαίμονός τινος τύχῃ.
ΜΗΔΕΙΑ
δάμαρτος οὔσης, ἢ λέχους ἄπειρος ὤν;
ΑΙΓΕΥΣ
οὐκ ἐσμὲν εὐνῆς ἄζυγες γαμηλίου.

ΜΗΔΕΙΑ
τί δῆτα Φοῖβος εἶπέ σοι παίδων πέρι;
ΑΙΓΕΥΣ
σοφώτερ' ἢ κατ' ἄνδρα συμβαλεῖν ἔπη.

ΜΗΔΕΙΑ
θέμις μὲν ἡμᾶς χρησμὸν εἰδέναι θεοῦ;
ΑΙΓΕΥΣ
μάλιστ', ἐπεί τοι καὶ σοφῆς δεῖται φρενός.
ΜΗΔΕΙΑ
τί δῆτ' ἔχρησε; λέξον, εἰ θέμις κλύειν.
ΑΙΓΕΥΣ
ἀσκοῦ με τὸν προύχοντα μὴ λῦσαι πόδα—
ΜΗΔΕΙΑ
πρὶν ἂν τί δράσῃς ἢ τίν' ἐξίκῃ χθόνα; 680
ΑΙΓΕΥΣ
πρὶν ἂν πατρῴαν αὖθις ἑστίαν μόλω.
ΜΗΔΕΙΑ
σὺ δ' ὡς τί χρῄζων τήνδε ναυστολεῖς χθόνα;
ΑΙΓΕΥΣ
Πιτθεύς τις ἔστι, γῆς ἄναξ Τροζηνίας. ...
ΜΗΔΕΙΑ
παῖς, ὡς λέγουσι, Πέλοπος, εὐσεβέστατος.
ΑΙΓΕΥΣ
τούτῳ θεοῦ μάντευμα κοινῶσαι θέλω.
ΜΗΔΕΙΑ
σοφὸς γὰρ ἀνὴρ καὶ τρίβων τὰ τοιάδε.
ΑΙΓΕΥΣ
κἀμοί γε πάντων φίλτατος δορυξένων.
ΜΗΔΕΙΑ
ἀλλ' εὐτυχοίης καὶ τύχοις ὅσων ἐρᾷς.
ΑΙΓΕΥΣ
τί γὰρ σὸν ὄμμα χρώς τε συντέτηχ' ὅδε;
ΜΗΔΕΙΑ
Αἰγεῦ, κάκιστός ἐστί μοι πάντων πόσις. 690
ΑΙΓΕΥΣ
τί φῄς; σαφῶς μοι σὰς φράσον δυσθυμίας.

ΜΗΔΕΙΑ
ἀδικεῖ μ' Ἰάσων οὐδὲν ἐξ ἐμοῦ παθών.
ΑΙΓΕΥΣ
τί χρῆμα δράσας; φράζε μοι σαφέστερον.
ΜΗΔΕΙΑ
γυναῖκ' ἐφ' ἡμῖν δεσπότιν δόμων ἔχει.
ΑΙΓΕΥΣ
οὔ που τετόλμηκ' ἔργον αἴσχιστον τόδε;
ΜΗΔΕΙΑ
σάφ' ἴσθ'· ἄτιμοι δ' ἐσμὲν οἱ πρὸ τοῦ φίλοι.
ΑΙΓΕΥΣ
πότερον ἐρασθεὶς ἢ σὸν ἐχθαίρων λέχος;
ΜΗΔΕΙΑ
μέγαν γ' ἔρωτα πιστὸς οὐκ ἔφυ φίλοις.
ΑΙΓΕΥΣ
ἴτω νυν, εἴπερ, ὡς λέγεις, ἐστὶν κακός.
ΜΗΔΕΙΑ
ἀνδρῶν τυράννων κῆδος ἠράσθη λαβεῖν. 700
ΑΙΓΕΥΣ
δίδωσι δ' αὐτῷ τίς; πέραινέ μοι λόγον.
ΜΗΔΕΙΑ
Κρέων, ὃς ἄρχει τῆσδε γῆς Κορινθίας.
ΑΙΓΕΥΣ
συγγνωστὰ μέν τἄρ' ἦν σε λυπεῖσθαι, γύναι.
ΜΗΔΕΙΑ
ὄλωλα· καὶ πρός γ' ἐξελαύνομαι χθονός.
ΑΙΓΕΥΣ
πρὸς τοῦ; τόδ' ἄλλο καινὸν αὖ λέγεις κακόν.
ΜΗΔΕΙΑ
Κρέων μ' ἐλαύνει φυγάδα γῆς Κορινθίας.
ΑΙΓΕΥΣ
ἐᾷ δ' Ἰάσων; οὐδὲ ταῦτ' ἐπῄνεσα.

ΜΗΔΕΙΑ
λόγῳ μὲν οὐχί, καρτερεῖν δὲ βούλεται.
ἀλλ' ἄντομαί σε τῆσδε πρὸς γενειάδος
γονάτων τε τῶν σῶν ἱκεσία τε γίγνομαι, 710
οἴκτιρον οἴκτιρόν με τὴν δυσδαίμονα
καὶ μή μ' ἔρημον ἐκπεσοῦσαν εἰσίδῃς,
δέξαι δὲ χώρᾳ καὶ δόμοις ἐφέστιον.
οὕτως ἔρως σοὶ πρὸς θεῶν τελεσφόρος
γένοιτο παίδων, καὐτὸς ὄλβιος θάνοις.
εὕρημα δ' οὐκ οἶσθ' οἷον ηὕρηκας τόδε·
παύσω δέ σ' ὄντ' ἄπαιδα καὶ παίδων γονὰς
σπεῖραί σε θήσω· τοιάδ' οἶδα φάρμακα.
ΑΙΓΕΥΣ
πολλῶν ἕκατι τήνδε σοι δοῦναι χάριν,
γύναι, πρόθυμός εἰμι, πρῶτα μὲν θεῶν, 720
ἔπειτα παίδων ὧν ἐπαγγέλλῃ γονάς·
ἐς τοῦτο γὰρ δὴ φροῦδός εἰμι πᾶς ἐγώ.
οὕτω δ' ἔχει μοι· σοῦ μὲν ἐλθούσης χθόνα,
πειράσομαί σου προξενεῖν δίκαιος ὤν.
τόσον γε μέντοι σοι προσημαίνω, γύναι·
ἐκ τῆσδε μὲν γῆς οὔ σ' ἄγειν βουλήσομαι,
αὐτὴ δ' ἐάνπερ εἰς ἐμοὺς ἔλθῃς δόμους,
μενεῖς ἄσυλος κοὔ σε μὴ μεθῶ τινι.
ἐκ τῆσδε δ' αὐτὴ γῆς ἀπαλλάσσου πόδα·
ἀναίτιος γὰρ καὶ ξένοις εἶναι θέλω. 730
ΜΗΔΕΙΑ
ἔσται τάδ'· ἀλλὰ πίστις εἰ γένοιτό μοι
τούτων, ἔχοιμ' ἂν πάντα πρὸς σέθεν καλῶς.
ΑΙΓΕΥΣ
μῶν οὐ πέποιθας; ἢ τί σοι τὸ δυσχερές;
ΜΗΔΕΙΑ
πέποιθα· Πελίου δ' ἐχθρός ἐστί μοι δόμος

Κρέων τε. τούτοις δ' ὀρκίοισι μὲν ζυγεὶς
ἄγουσιν οὐ μεθεῖ' ἂν ἐκ γαίας ἐμέ·
λόγοις δὲ συμβὰς καὶ θεῶν ἀνώμοτος
φίλος γένοι' ἂν τἀπικηρυκεύματα·—
οὐκ ἂν πίθοιο· τἀμὰ μὲν γὰρ ἀσθενῆ,
τοῖς δ' ὄλβος ἐστὶ καὶ δόμος τυραννικός. 740
ΑΙΓΕΥΣ
πολλὴν ἔλεξας ἐν λόγοις προμηθίαν·
ἀλλ', εἰ δοκεῖ σοι, δρᾶν τάδ' οὐκ ἀφίσταμαι.
ἐμοί τε γὰρ τάδ' ἐστὶν ἀσφαλέστατα,
σκῆψίν τιν' ἐχθροῖς σοῖς ἔχοντα δεικνύναι,
τὸ σόν τ' ἄραρε μᾶλλον· ἐξηγοῦ θεούς.
ΜΗΔΕΙΑ
ὄμνυ πέδον Γῆς, πατέρα θ' Ἥλιον πατρὸς
τοὐμοῦ, θεῶν τε συντιθεὶς ἅπαν γένος.
ΑΙΓΕΥΣ
τί χρῆμα δράσειν ἢ τί μὴ δράσειν; λέγε.
ΜΗΔΕΙΑ
μήτ' αὐτὸς ἐκ γῆς σῆς ἔμ' ἐκβαλεῖν ποτε,
μήτ' ἄλλος ἤν τις τῶν ἐμῶν ἐχθρῶν ἄγειν 750
χρῄζῃ, μεθήσειν ζῶν ἑκουσίῳ τρόπῳ.
ΑΙΓΕΥΣ
ὄμνυμι Γαῖαν Ἡλίου θ' ἁγνὸν σέβας
θεούς τε πάντας ἐμμενεῖν ἅ σου κλύω.
ΜΗΔΕΙΑ
ἀρκεῖ· τί δ' ὅρκῳ τῷδε μὴ 'μμένων πάθοις;
ΑΙΓΕΥΣ
ἃ τοῖσι δυσσεβοῦσι γίγνεται βροτῶν.
ΜΗΔΕΙΑ
χαίρων πορεύου· πάντα γὰρ καλῶς ἔχει.
κἀγὼ πόλιν σὴν ὡς τάχιστ' ἀφίξομαι,
πράξασ' ἃ μέλλω καὶ τυχοῦσ' ἃ βούλομαι.

ΧΟΡΟΣ
ἀλλά σ' ὁ Μαίας πομπαῖος ἄναξ
πελάσειε δόμοις, ὧν τ' ἐπίνοιαν 760
σπεύδεις κατέχων πράξειας, ἐπεὶ
γενναῖος ἀνήρ,
Αἰγεῦ, παρ' ἐμοὶ δεδόκησαι.

ΜΗΔΕΙΑ
ὦ Ζεῦ Δίκη τε Ζηνὸς Ἡλίου τε φῶς,
νῦν καλλίνικοι τῶν ἐμῶν ἐχθρῶν, φίλαι,
γενησόμεσθα κεἰς ὁδὸν βεβήκαμεν·
νῦν [δ'] ἐλπὶς ἐχθροὺς τοὺς ἐμοὺς τείσειν δίκην.
οὗτος γὰρ ἀνὴρ ᾗ μάλιστ' ἐκάμνομεν
λιμὴν πέφανται τῶν ἐμῶν βουλευμάτων·
ἐκ τοῦδ' ἀναψόμεσθα πρυμνήτην κάλων, 770
μολόντες ἄστυ καὶ πόλισμα Παλλάδος.
ἤδη δὲ πάντα τἀμά σοι βουλεύματα
λέξω· δέχου δὲ μὴ πρὸς ἡδονὴν λόγους.
πέμψασ' ἐμῶν τιν' οἰκετῶν Ἰάσονα
ἐς ὄψιν ἐλθεῖν τὴν ἐμὴν αἰτήσομαι·
μολόντι δ' αὐτῷ μαλθακοὺς λέξω λόγους,
ὡς καὶ δοκεῖ μοι ταὐτά, καὶ καλῶς ἔχειν
γάμους τυράννων οὓς προδοὺς ἡμᾶς ἔχει·
καὶ ξύμφορ' εἶναι καὶ καλῶς ἐγνωσμένα.
παῖδας δὲ μεῖναι τοὺς ἐμοὺς αἰτήσομαι, 780
οὐχ ὡς λιποῦσ' ἂν πολεμίας ἐπὶ χθονὸς
ἐχθροῖσι παῖδας τοὺς ἐμοὺς καθυβρίσαι,
ἀλλ' ὡς δόλοισι παῖδα βασιλέως κτάνω.
πέμψω γὰρ αὐτοὺς δῶρ' ἔχοντας ἐν χεροῖν,
νύμφῃ φέροντας, τήνδε μὴ φυγεῖν χθόνα,
λεπτόν τε πέπλον καὶ πλόκον χρυσήλατον·
κἄνπερ λαβοῦσα κόσμον ἀμφιθῇ χροΐ,
κακῶς ὀλεῖται πᾶς θ' ὃς ἂν θίγῃ κόρης·

τοιοῖσδε χρίσω φαρμάκοις δωρήματα.
ἐνταῦθα μέντοι τόνδ' ἀπαλλάσσω λόγον· 790
ᾤμωξα δ' οἷον ἔργον ἔστ' ἐργαστέον
τοὐντεῦθεν ἡμῖν· τέκνα γὰρ κατακτενῶ
τἄμ'· οὔτις ἔστιν ὅστις ἐξαιρήσεται·
δόμον τε πάντα συγχέασ' Ἰάσονος
ἔξειμι γαίας, φιλτάτων παίδων φόνον
φεύγουσα καὶ τλᾶσ' ἔργον ἀνοσιώτατον.
οὐ γὰρ γελᾶσθαι τλητὸν ἐξ ἐχθρῶν, φίλαι.
ἴτω· τί μοι ζῆν κέρδος; οὔτε μοι πατρὶς
οὔτ' οἶκος ἔστιν οὔτ' ἀποστροφὴ κακῶν.
ἡμάρτανον τόθ' ἡνίκ' ἐξελίμπανον 800
δόμους πατρῴους, ἀνδρὸς Ἕλληνος λόγοις
πεισθεῖσ', ὃς ἡμῖν σὺν θεῷ τείσει δίκην.
οὔτ' ἐξ ἐμοῦ γὰρ παῖδας ὄψεταί ποτε
ζῶντας τὸ λοιπὸν οὔτε τῆς νεοζύγου
νύμφης τεκνώσει παῖδ', ἐπεὶ κακῶς κακὴν
θανεῖν σφ' ἀνάγκη τοῖς ἐμοῖσι φαρμάκοις.
μηδείς με φαύλην κἀσθενῆ νομιζέτω
μηδ' ἡσυχαίαν, ἀλλὰ θατέρου τρόπου,
βαρεῖαν ἐχθροῖς καὶ φίλοισιν εὐμενῆ·
τῶν γὰρ τοιούτων εὐκλεέστατος βίος. 810
ΧΟΡΟΣ
ἐπείπερ ἡμῖν τόνδ' ἐκοίνωσας λόγον,
σέ τ' ὠφελεῖν θέλουσα, καὶ νόμοις βροτῶν
ξυλλαμβάνουσα, δρᾶν σ' ἀπεννέπω τάδε.
ΜΗΔΕΙΑ
οὐκ ἔστιν ἄλλως· σοὶ δὲ συγγνώμη λέγειν
τάδ' ἐστί, μὴ πάσχουσαν, ὡς ἐγώ, κακῶς.
ΧΟΡΟΣ
ἀλλὰ κτανεῖν σὸν σπέρμα τολμήσεις, γύναι;

ΜΗΔΕΙΑ
οὕτω γὰρ ἂν μάλιστα δηχθείη πόσις.
ΧΟΡΟΣ
σὺ δ' ἂν γένοιό γ' ἀθλιωτάτη γυνή.
ΜΗΔΕΙΑ
ἴτω· περισσοὶ πάντες οὑν μέσῳ λόγοι.
ἀλλ' εἷα χώρει καὶ κόμιζ' Ἰάσονα· 820
ἐς πάντα γὰρ δὴ σοὶ τὰ πιστὰ χρώμεθα.
λέξῃς δὲ μηδὲν τῶν ἐμοὶ δεδογμένων,
εἴπερ φρονεῖς εὖ δεσπόταις γυνή τ' ἔφυς.
ΧΟΡΟΣ
Ἐρεχθεΐδαι τὸ παλαιὸν ὄλβιοι [στρ.
καὶ θεῶν παῖδες μακάρων, ἱερᾶς
χώρας ἀπορθήτου τ' ἄπο, φερβόμενοι
κλεινοτάταν σοφίαν, αἰεὶ διὰ λαμπροτάτου
βαίνοντες ἁβρῶς αἰθέρος, ἔνθα ποθ' ἁγνὰς 830
ἐννέα Πιερίδας Μούσας λέγουσι
ξανθὰν Ἁρμονίαν φυτεῦσαι·

τοῦ καλλινάου τ' ἐπὶ Κηφισοῦ ῥοαῖς [ἀντ.
τὰν Κύπριν κλῄζουσιν ἀφυσσαμέναν
χώραν καταπνεῦσαι μετρίας ἀνέμων
ἡδυπνόους αὔρας· αἰεὶ δ' ἐπιβαλλομέναν 840
χαίταισιν εὐώδη ῥοδέων πλόκον ἀνθέων
τᾷ Σοφίᾳ παρέδρους πέμπειν Ἔρωτας,
παντοίας ἀρετᾶς ξυνεργούς.

πῶς οὖν ἱερῶν ποταμῶν [στρ.
ἢ πόλις; ἢ φίλων
πόμπιμός σε χώρα
τὰν παιδολέτειραν ἕξει,
τὰν οὐχ ὁσίαν μετ' ἄλλων; 850

σκέψαι τεκέων πλαγάν,
σκέψαι φόνον οἷον αἴρῃ.
μή, πρὸς γονάτων σε πάντη
πάντως ἱκετεύομεν,
τέκνα φονεύσῃς.

πόθεν θράσος ἢ φρενὸς ἢ [ἀντ.
χειρὶ τέκνων σέθεν
καρδίᾳ τε λήψῃ
δεινὰν προσάγουσα τόλμαν;
πῶς δ' ὄμματα προσβαλοῦσα 860
τέκνοις ἄδακρυν μοῖραν
σχήσεις φόνου; οὐ δυνάσῃ,
παίδων ἱκετᾶν πιτνόντων,
τέγξαι χέρα φοινίαν
τλάμονι θυμῷ.

ΙΑΣΩΝ
ἥκω κελευσθείς· καὶ γὰρ οὖσα δυσμενὴς
οὔ τἂν ἁμάρτοις τοῦδέ γ', ἀλλ' ἀκούσομαι
τί χρῆμα βούλῃ καινὸν ἐξ ἐμοῦ, γύναι.

ΜΗΔΕΙΑ
Ἰᾶσον, αἰτοῦμαί σε τῶν εἰρημένων
συγγνώμον' εἶναι· τὰς δ' ἐμὰς ὀργὰς φέρειν 870
εἰκός σ', ἐπεὶ νῷν πόλλ' ὑπείργασται φίλα.
ἐγὼ δ' ἐμαυτῇ διὰ λόγων ἀφικόμην
κἀλοιδόρησα· Σχετλία, τί μαίνομαι
καὶ δυσμεναίνω τοῖσι βουλεύουσιν εὖ,
ἐχθρὰ δὲ γαίας κοιράνοις καθίσταμαι
πόσει θ', ὃς ἡμῖν δρᾷ τὰ συμφορώτατα,
γήμας τύραννον καὶ κασιγνήτους τέκνοις
ἐμοῖς φυτεύων; οὐκ ἀπαλλαχθήσομαι
θυμοῦ—τί πάσχω;— θεῶν ποριζόντων καλῶς;

οὐκ εἰσὶ μέν μοι παῖδες, οἶδα δὲ χθόνα 880
φεύγοντας ἡμᾶς καὶ σπανίζοντας φίλων;
ταῦτ' ἐννοήσασ' ᾐσθόμην ἀβουλίαν
πολλὴν ἔχουσα καὶ μάτην θυμουμένη.
νῦν οὖν ἐπαινῶ· σωφρονεῖν τ' ἐμοὶ δοκεῖς
κῆδος τόδ' ἡμῖν προσλαβών, ἐγὼ δ' ἄφρων,
ᾗ χρῆν μετεῖναι τῶνδε τῶν βουλευμάτων,
καὶ ξυγγαμεῖν σοι, καὶ παρεστάναι λέχει
νύμφην τε κηδεύουσαν ἥδεσθαι σέθεν.
ἀλλ' ἐσμὲν οἷόν ἐσμεν, οὐκ ἐρῶ κακόν,
γυναῖκες· οὔκουν χρῆν σ' ὁμοιοῦσθαι κακοῖς, 890
οὐδ' ἀντιτείνειν νήπι' ἀντὶ νηπίων.
παριέμεσθα, καί φαμεν κακῶς φρονεῖν
τότ', ἀλλ' ἄμεινον νῦν βεβούλευμαι τάδε·
ὦ τέκνα τέκνα, δεῦτε, λείπετε στέγας,
ἐξέλθετ', ἀσπάσασθε καὶ προσείπατε
πατέρα μεθ' ἡμῶν, καὶ διαλλάχθηθ' ἅμα
τῆς πρόσθεν ἔχθρας ἐς φίλους μητρὸς μέτα·
σπονδαὶ γὰρ ἡμῖν καὶ μεθέστηκεν χόλος.
λάβεσθε χειρὸς δεξιᾶς· οἴμοι, κακῶν
ὡς ἐννοοῦμαι δή τι τῶν κεκρυμμένων. 900
ἆρ', ὦ τέκν', οὕτω καὶ πολὺν ζῶντες χρόνον
φίλην ὀρέξετ' ὠλένην; τάλαιν' ἐγώ,
ὡς ἀρτίδακρύς εἰμι καὶ φόβου πλέα.
χρόνῳ δὲ νεῖκος πατρὸς ἐξαιρουμένη
ὄψιν τέρειναν τήνδ' ἔπλησα δακρύων.
ΧΟΡΟΣ
κἀμοὶ κατ' ὄσσων χλωρὸν ὡρμήθη δάκρυ·
καὶ μὴ προβαίη μεῖζον ἢ τὸ νῦν κακόν.
ΙΑΣΩΝ
αἰνῶ, γύναι, τάδ', οὐδ' ἐκεῖνα μέμφομαι·
εἰκὸς γὰρ ὀργὰς θῆλυ ποιεῖσθαι γένος

γάμου παρεμπολῶντος ἀλλοίου πόσει. 910
ἀλλ' ἐς τὸ λῷον σὸν μεθέστηκεν κέαρ,
ἔγνως δὲ τὴν νικῶσαν, ἀλλὰ τῷ χρόνῳ,
βουλήν· γυναικὸς ἔργα ταῦτα σώφρονος.
ὑμῖν δέ, παῖδες, οὐκ ἀφροντίστως πατὴρ
πολλὴν ἔθηκε σὺν θεοῖς σωτηρίαν·
οἶμαι γὰρ ὑμᾶς τῆσδε γῆς Κορινθίας
τὰ πρῶτ' ἔσεσθαι σὺν κασιγνήτοις ἔτι.
ἀλλ' αὐξάνεσθε· τἄλλα δ' ἐξεργάζεται
πατήρ τε καὶ θεῶν ὅστις ἐστὶν εὐμενής·
ἴδοιμι δ' ὑμᾶς εὐτραφεῖς ἥβης τέλος 920
μολόντας, ἐχθρῶν τῶν ἐμῶν ὑπερτέρους.
αὕτη, τί χλωροῖς δακρύοις τέγγεις κόρας,
στρέψασα λευκὴν ἔμπαλιν παρηίδα;
κοὐκ ἀσμένη τόνδ' ἐξ ἐμοῦ δέχῃ λόγον;
ΜΗΔΕΙΑ
οὐδέν. τέκνων τῶνδ' ἐννοουμένη πέρι.
ΙΑΣΩΝ
θάρσει νυν· εὖ γὰρ τῶνδ' ἐγὼ θήσω πέρι.
ΜΗΔΕΙΑ
δράσω τάδ'· οὔτοι σοῖς ἀπιστήσω λόγοις·
γυνὴ δὲ θῆλυ κἀπὶ δακρύοις ἔφυ.
ΙΑΣΩΝ
τί δῆτα λίαν τοῖσδ' ἐπιστένεις τέκνοις;
ΜΗΔΕΙΑ
ἔτικτον αὐτούς· ζῆν δ' ὅτ' ἐξηύχου τέκνα, 930
ἐσῆλθέ μ' οἶκτος εἰ γενήσεται τάδε.
ἀλλ' ὧνπερ οὕνεκ' εἰς ἐμοὺς ἥκεις λόγους,
τὰ μὲν λέλεκται, τῶν δ' ἐγὼ μνησθήσομαι.
ἐπεὶ τυράννοις γῆς μ' ἀποστεῖλαι δοκεῖ
κἀμοὶ τάδ' ἐστὶ λῷστα, γιγνώσκω καλῶς,
μήτ' ἐμποδὼν σοὶ μήτε κοιράνοις χθονὸς

ναίειν· δοκῶ γὰρ δυσμενὴς εἶναι δόμοις—
ἡμεῖς μὲν ἐκ γῆς τῆσδ' ἀπαίρομεν φυγῇ,
παῖδες δ' ὅπως ἂν ἐκτραφῶσι σῇ χερί,
αἰτοῦ Κρέοντα τήνδε μὴ φεύγειν χθόνα. 940
ΙΑΣΩΝ
οὐκ οἶδ' ἂν εἰ πείσαιμι, πειρᾶσθαι δὲ χρή.
ΜΗΔΕΙΑ
σὺ δ' ἀλλὰ σὴν κέλευσον αἰτεῖσθαι πατρὸς
γυναῖκα παῖδας τήνδε μὴ φεύγειν χθόνα.
ΙΑΣΩΝ
μάλιστα, καὶ πείσειν γε δοξάζω σφ' ἐγώ.
ΜΗΔΕΙΑ
εἴπερ γυναικῶν ἐστι τῶν ἄλλων μία.
συλλήψομαι δὲ τοῦδέ σοι κἀγὼ πόνου·
πέμψω γὰρ αὐτῇ δῶρ' ἃ καλλιστεύεται
τῶν νῦν ἐν ἀνθρώποισιν, οἶδ' ἐγώ, πολύ,
λεπτόν τε πέπλον καὶ πλόκον χρυσήλατον
παῖδας φέροντας. ἀλλ' ὅσον τάχος χρεὼν 950
κόσμον κομίζειν δεῦρο προσπόλων τινά.
εὐδαιμονήσει δ' οὐχ ἕν, ἀλλὰ μυρία,
ἀνδρός τ' ἀρίστου σοῦ τυχοῦσ' ὀμευνέτου
κεκτημένη τε κόσμον ὅν ποθ' Ἥλιος
πατρὸς πατὴρ δίδωσιν ἐκγόνοισιν οἷς.
λάζυσθε φερνὰς τάσδε, παῖδες, ἐς χέρας
καὶ τῇ τυράννῳ μακαρίᾳ νύμφῃ δότε
φέροντες· οὔτοι δῶρα μεμπτὰ δέξεται.
ΙΑΣΩΝ
τί δ', ὦ ματαία, τῶνδε σὰς κενοῖς χέρας;
δοκεῖς σπανίζειν δῶμα βασίλειον πέπλων, 960
δοκεῖς δὲ χρυσοῦ; σῷζε, μὴ δίδου τάδε.
εἴπερ γὰρ ἡμᾶς ἀξιοῖ λόγου τινὸς
γυνή, προθήσει χρημάτων, σάφ' οἶδ' ἐγώ.

ΜΗΔΕΙΑ
μή μοι σύ· πείθειν δῶρα καὶ θεοὺς λόγος·
χρυσὸς δὲ κρείσσων μυρίων λόγων βροτοῖς.
κείνης ὁ δαίμων, κεῖνα νῦν αὔξει θεός,
νέα τυραννεῖ· τῶν δ' ἐμῶν παίδων φυγὰς
ψυχῆς ἂν ἀλλαξαίμεθ', οὐ χρυσοῦ μόνον.
ἀλλ', ὦ τέκν', εἰσελθόντε πλουσίους δόμους
πατρὸς νέαν γυναῖκα, δεσπότιν δ' ἐμήν, 970
ἱκετεύετ', ἐξαιτεῖσθε μὴ φυγεῖν χθόνα,
κόσμον διδόντες—τοῦδε γὰρ μάλιστα δεῖ—
ἐς χεῖρ' ἐκείνης δῶρα δέξασθαι τάδε.
ἴθ' ὡς τάχιστα· μητρὶ δ' ὧν ἐρᾷ τυχεῖν
εὐάγγελοι γένοισθε πράξαντες καλῶς.

ΧΟΡΟΣ
νῦν ἐλπίδες οὐκέτι μοι παίδων ζόας, [στρ.
οὐκέτι· στείχουσι γὰρ ἐς φόνον ἤδη.
δέξεται νύμφα χρυσέων ἀναδεσμῶν
δέξεται δύστανος ἄταν·
ξανθᾷ δ' ἀμφὶ κόμᾳ θήσει τὸν Ἅιδα 980
κόσμον αὐτὰ χεροῖν. [λαβοῦσα.]

πείσει χάρις ἀμβρόσιός τ' αὐγὰ πέπλων [ἀντ.
χρυσέων τευκτὸν στέφανον περιθέσθαι·
νερτέροις δ' ἤδη πάρα νυμφοκομήσει.
τοῖον εἰς ἕρκος πεσεῖται
καὶ μοῖραν θανάτου δύστανος· ἄταν δ'
οὐχ ὑπεκφεύξεται.

σὺ δ', ὦ τάλαν, ὦ κακόνυμφε κηδεμὼν τυράννων, [στρ.
παισὶν οὐ κατειδὼς 990
ὄλεθρον βιοτᾷ προσάγεις ἀλόχῳ τε

σᾷ στυγερὸν θάνατον.
δύστανε μοίρας ὅσον παροίχῃ.

μεταστένομαι δὲ σὸν ἄλγος, ὦ τάλαινα παίδων [ἀντ.
μᾶτερ, ἃ φονεύσεις
τέκνα νυμφιδίων ἕνεκεν λεχέων, ἅ
σοι προλιπὼν ἀνόμως 1000
ἄλλᾳ ξυνοικεῖ πόσις συνεύνῳ.

ΠΑΙΔΑΓΩΓΟΣ
δέσποιν', ἀφεῖνται παῖδες οἵδε σοὶ φυγῆς,
καὶ δῶρα νύμφη βασιλὶς ἀσμένη χεροῖν
ἐδέξατ'· εἰρήνη δὲ τἀκεῖθεν τέκνοις.
ἔα.
τί συγχυθεῖσ' ἕστηκας ἡνίκ' εὐτυχεῖς;
[τί σὴν ἔστρεψας ἔμπαλιν παρηίδα
κοὐκ ἀσμένη τόνδ' ἐξ ἐμοῦ δέχῃ λόγον;]
ΜΗΔΕΙΑ
αἰαῖ.
ΠΑΙΔΑΓΩΓΟΣ
τάδ' οὐ ξυνῳδὰ τοῖσιν ἐξηγγελμένοις.
ΜΗΔΕΙΑ
αἰαῖ μάλ' αὖθις.
ΠΑΙΔΑΓΩΓΟΣ
μῶν τιν' ἀγγέλλων τύχην
οὐκ οἶδα, δόξης δ' ἐσφάλην εὐαγγέλου; 1010
ΜΗΔΕΙΑ
ἤγγειλας οἷ' ἤγγειλας· οὔ σε μέμφομαι.
ΠΑΙΔΑΓΩΓΟΣ
τί δαὶ κατηφεῖς ὄμμα καὶ δακρυρροεῖς;
ΜΗΔΕΙΑ
πολλή μ' ἀνάγκη, πρέσβυ· ταῦτα γὰρ θεοὶ

κἀγὼ κακῶς φρονοῦσ' ἐμηχανησάμην.
ΠΑΙΔΑΓΩΓΟΣ
θάρσει· κάτει τοι καὶ σὺ πρὸς τέκνων ἔτι.
ΜΗΔΕΙΑ
ἄλλους κατάξω πρόσθεν ἢ τάλαιν' ἐγώ.
ΠΑΙΔΑΓΩΓΟΣ
οὔτοι μόνη σὺ σῶν ἀπεζύγης τέκνων·
κούφως φέρειν χρὴ θνητὸν ὄντα συμφοράς.
ΜΗΔΕΙΑ
δράσω τάδ'. ἀλλὰ βαῖνε δωμάτων ἔσω
καὶ παισὶ πόρσυν' οἷα χρὴ καθ' ἡμέραν. 1020
ὦ τέκνα τέκνα, σφῷν μὲν ἔστι δὴ πόλις
καὶ δῶμ', ἐν ᾧ, λιπόντες ἀθλίαν ἐμέ,
οἰκήσετ' αἰεὶ μητρὸς ἐστερημένοι·
ἐγὼ δ' ἐς ἄλλην γαῖαν εἶμι δὴ φυγάς,
πρὶν σφῷν ὀνάσθαι κἀπιδεῖν εὐδαίμονας,
πρὶν λέκτρα καὶ γυναῖκα καὶ γαμηλίους
εὐνὰς ἀγῆλαι λαμπάδας τ' ἀνασχεθεῖν.
ὦ δυστάλαινα τῆς ἐμῆς αὐθαδίας.
ἄλλως ἄρ' ὑμᾶς, ὦ τέκν', ἐξεθρεψάμην,
ἄλλως δ' ἐμόχθουν καὶ κατεξάνθην πόνοις, 1030
στερρὰς ἐνεγκοῦσ' ἐν τόκοις ἀλγηδόνας.
ἦ μήν ποθ' ἡ δύστηνος εἶχον ἐλπίδας
πολλὰς ἐν ὑμῖν, γηροβοσκήσειν τ' ἐμὲ
καὶ κατθανοῦσαν χερσὶν εὖ περιστελεῖν,
ζηλωτὸν ἀνθρώποισι· νῦν δ' ὄλωλε δὴ
γλυκεῖα φροντίς. σφῷν γὰρ ἐστερημένη
λυπρὸν διάξω βίοτον ἀλγεινόν τ' ἐμοί.
ὑμεῖς δὲ μητέρ' οὐκέτ' ὄμμασιν φίλοις
ὄψεσθ', ἐς ἄλλο σχῆμ' ἀποστάντες βίου.
φεῦ φεῦ· τί προσδέρκεσθέ μ' ὄμμασιν, τέκνα; 1040
τί προσγελᾶτε τὸν πανύστατον γέλων;

αἰαῖ· τί δράσω; καρδία γὰρ οἴχεται,
γυναῖκες, ὄμμα φαιδρὸν ὡς εἶδον τέκνων.
οὐκ ἂν δυναίμην· χαιρέτω βουλεύματα
τὰ πρόσθεν· ἄξω παῖδας ἐκ γαίας ἐμούς.
τί δεῖ με πατέρα τῶνδε τοῖς τούτων κακοῖς
λυποῦσαν αὐτὴν δὶς τόσα κτᾶσθαι κακά;
οὐ δῆτ' ἔγωγε. χαιρέτω βουλεύματα.
καίτοι τί πάσχω; βούλομαι γέλωτ' ὀφλεῖν
ἐχθροὺς μεθεῖσα τοὺς ἐμοὺς ἀζημίους; 1050
τολμητέον τάδ'. ἀλλὰ τῆς ἐμῆς κάκης,
τὸ καὶ προσέσθαι μαλθακοὺς λόγους φρενί.
χωρεῖτε, παῖδες, ἐς δόμους. ὅτῳ δὲ μὴ
θέμις παρεῖναι τοῖς ἐμοῖσι θύμασιν,
αὐτῷ μελήσει· χεῖρα δ' οὐ διαφθερῶ.
ᾶ ᾶ.
μὴ δῆτα, θυμέ, μὴ σύ γ' ἐργάσῃ τάδε·
ἔασον αὐτούς, ὦ τάλαν, φεῖσαι τέκνων·
ἐκεῖ μεθ' ἡμῶν ζῶντες εὐφρανοῦσί σε.
μὰ τοὺς παρ' Ἅιδῃ νερτέρους ἀλάστορας,
οὔτοι ποτ' ἔσται τοῦθ' ὅπως ἐχθροῖς ἐγὼ 1060
παῖδας παρήσω τοὺς ἐμοὺς καθυβρίσαι.
[πάντως σφ' ἀνάγκη κατθανεῖν· ἐπεὶ δὲ χρή,
ἡμεῖς κτενοῦμεν οἵπερ ἐξεφύσαμεν.]
πάντως πέπρακται ταῦτα κοὐκ ἐκφεύξεται.
καὶ δὴ 'πὶ κρατὶ στέφανος, ἐν πέπλοισι δὲ
νύμφη τύραννος ὄλλυται, σάφ' οἶδ' ἐγώ.
ἀλλ', εἶμι γὰρ δὴ τλημονεστάτην ὁδόν,
καὶ τούσδε πέμψω τλημονεστέραν ἔτι,
παῖδας προσειπεῖν βούλομαι. —δότ', ὦ τέκνα,
δότ' ἀσπάσασθαι μητρὶ δεξιὰν χέρα. 1070
ὦ φιλτάτη χείρ, φίλτατον δέ μοι στόμα
καὶ σχῆμα καὶ πρόσωπον εὐγενὲς τέκνων,

εὐδαιμονοῖτον, ἀλλ' ἐκεῖ· τὰ δ' ἐνθάδε
πατὴρ ἀφείλετ'. ὦ γλυκεῖα προσβολή,
ὦ μαλθακὸς χρὼς πνεῦμά θ' ἥδιστον τέκνων.
χωρεῖτε χωρεῖτ'· οὐκέτ' εἰμὶ προσβλέπειν
οἵα τε πρὸς ὑμᾶς, ἀλλὰ νικῶμαι κακοῖς.
καὶ μανθάνω μὲν οἷα δρᾶν μέλλω κακά,
θυμὸς δὲ κρείσσων τῶν ἐμῶν βουλευμάτων,
ὅσπερ μεγίστων αἴτιος κακῶν βροτοῖς. 1080
ΧΟΡΟΣ
πολλάκις ἤδη
διὰ λεπτοτέρων μύθων ἔμολον
καὶ πρὸς ἀμίλλας ἦλθον μείζους
ἢ χρὴ γενεὰν θῆλυν ἐρευνᾶν·
ἀλλὰ γὰρ ἔστιν μοῦσα καὶ ἡμῖν,
ἣ προσομιλεῖ σοφίας ἕνεκεν·
πάσαισι μὲν οὔ· παῦρον δὲ δὴ
γένος ἐν πολλαῖς εὕροις ἂν ἴσως
κοὐκ ἀπόμουσον τὸ γυναικῶν.
καί φημι βροτῶν οἵτινές εἰσιν 1090
πάμπαν ἄπειροι μηδ' ἐφύτευσαν
παῖδας, προφέρειν εἰς εὐτυχίαν
τῶν γειναμένων.
οἱ μὲν ἄτεκνοι δι' ἀπειροσύνην
εἴθ' ἡδὺ βροτοῖς εἴτ' ἀνιαρὸν
παῖδες τελέθουσ' οὐχὶ τυχόντες
πολλῶν μόχθων ἀπέχονται·
οἷσι δὲ τέκνων ἔστιν ἐν οἴκοις
γλυκερὸν βλάστημ', ὁρῶ μελέτῃ
κατατρυχομένους τὸν ἅπαντα χρόνον, 1100
πρῶτον μὲν ὅπως θρέψουσι καλῶς
βίοτόν θ' ὁπόθεν λείψουσι τέκνοις·
ἔτι δ' ἐκ τούτων εἴτ' ἐπὶ φλαύροις

εἴτ' ἐπὶ χρηστοῖς
μοχθοῦσι, τόδ' ἐστὶν ἄδηλον.
ἓν δὲ τὸ πάντων λοίσθιον ἤδη
πᾶσιν κατερῶ θνητοῖσι κακόν·
καὶ δὴ γὰρ ἅλις βίοτόν θ' ηὗρον
σῶμά τ' ἐς ἥβην ἤλυθε τέκνων
χρηστοί τ' ἐγένοντ'· εἰ δὲ κυρήσαι
δαίμων οὕτως, φροῦδος ἐς Ἅιδην 1110
θάνατος προφέρων σώματα τέκνων.
πῶς οὖν λύει πρὸς τοῖς ἄλλοις
τήνδ' ἔτι λύπην ἀνιαροτάτην
παίδων ἕνεκεν
θνητοῖσι θεοὺς ἐπιβάλλειν;

ΜΗΔΕΙΑ
φίλαι, πάλαι τοι προσμένουσα τὴν τύχην
καραδοκῶ τἀκεῖθεν οἷ προβήσεται.
καὶ δὴ δέδορκα τόνδε τῶν Ἰάσονος
στείχοντ' ὀπαδῶν· πνεῦμα δ' ἠρεθισμένον
δείκνυσιν ὥς τι καινὸν ἀγγελεῖ κακόν. 1120

ΑΓΓΕΛΟΣ
ὦ δεινὸν ἔργον παρανόμως εἰργασμένη,
Μήδεια, φεῦγε φεῦγε, μήτε ναΐαν
λιποῦσ' ἀπήνην μήτ' ὄχον πεδοστιβῆ.
ΜΗΔΕΙΑ
τί δ' ἄξιόν μοι τῆσδε τυγχάνει φυγῆς;
ΑΓΓΕΛΟΣ
ὄλωλεν ἡ τύραννος ἀρτίως κόρη
Κρέων θ' ὁ φύσας φαρμάκων τῶν σῶν ὕπο.
ΜΗΔΕΙΑ
κάλλιστον εἶπας μῦθον, ἐν δ' εὐεργέταις

τὸ λοιπὸν ἤδη καὶ φίλοις ἐμοῖς ἔσῃ.
ΑΓΓΕΛΟΣ
τί φής; φρονεῖς μὲν ὀρθὰ κοὐ μαίνῃ, γύναι,
ἥτις, τυράννων ἑστίαν ἠκισμένη, 1130
χαίρεις κλύουσα κοὐ φοβῇ τὰ τοιάδε;
ΜΗΔΕΙΑ
ἔχω τι κἀγὼ τοῖς γε σοῖς ἐναντίον
λόγοισιν εἰπεῖν· ἀλλὰ μὴ σπέρχου, φίλος,
λέξον δέ· πῶς ὤλοντο; δὶς τόσον γὰρ ἂν
τέρψειας ἡμᾶς, εἰ τεθνᾶσι παγκάκως.
ΑΓΓΕΛΟΣ
ἐπεὶ τέκνων σῶν ἦλθε δίπτυχος γονὴ
σὺν πατρί, καὶ παρῆλθε νυμφικοὺς δόμους,
ἥσθημεν οἵπερ σοῖς ἐκάμνομεν κακοῖς
δμῶες· δι' ὤτων δ' εὐθὺς ἦν πολὺς λόγος
σὲ καὶ πόσιν σὸν νεῖκος ἐσπεῖσθαι τὸ πρίν. 1140
κυνεῖ δ' ὃ μέν τις χεῖρ', ὃ δὲ ξανθὸν κάρα
παίδων· ἐγὼ δὲ καὐτὸς ἡδονῆς ὕπο
στέγας γυναικῶν σὺν τέκνοις ἅμ' ἑσπόμην.
δέσποινα δ' ἣν νῦν ἀντὶ σοῦ θαυμάζομεν,
πρὶν μὲν τέκνων σῶν εἰσιδεῖν ξυνωρίδα,
πρόθυμον εἶχ' ὀφθαλμὸν εἰς Ἰάσονα·
ἔπειτα μέντοι προὐκαλύψατ' ὄμματα
λευκήν τ' ἀπέστρεψ' ἔμπαλιν παρηίδα,
παίδων μυσαχθεῖσ' εἰσόδους· πόσις δὲ σὸς
ὀργάς τ' ἀφῄρει καὶ χόλον νεάνιδος 1150
λέγων τάδ'· Οὐ μὴ δυσμενὴς ἔσῃ φίλοις,
παύσῃ δὲ θυμοῦ καὶ πάλιν στρέψεις κάρα,
φίλους νομίζουσ' οὕσπερ ἂν πόσις σέθεν,
δέξῃ δὲ δῶρα καὶ παραιτήσῃ πατρὸς
φυγὰς ἀφεῖναι παισὶ τοῖσδ', ἐμὴν χάριν;
ἣ δ' ὡς ἐσεῖδε κόσμον, οὐκ ἠνέσχετο,

ἀλλ' ᾔνεσ' ἀνδρὶ πάντα, καὶ πρὶν ἐκ δόμων
μακρὰν ἀπεῖναι πατέρα καὶ παῖδας, [σέθεν]
λαβοῦσα πέπλους ποικίλους ἠμπέσχετο,
χρυσοῦν τε θεῖσα στέφανον ἀμφὶ βοστρύχοις 1160
λαμπρῷ κατόπτρῳ σχηματίζεται κόμην,
ἄψυχον εἰκὼ προσγελῶσα σώματος.
κἄπειτ' ἀναστᾶσ' ἐκ θρόνων διέρχεται
στέγας, ἁβρὸν βαίνουσα παλλεύκῳ ποδί,
δώροις ὑπερχαίρουσα, πολλὰ πολλάκις
τένοντ' ἐς ὀρθὸν ὄμμασι σκοπουμένη.
τοὐνθένδε μέντοι δεινὸν ἦν θέαμ' ἰδεῖν·
χροιὰν γὰρ ἀλλάξασα λεχρία πάλιν
χωρεῖ τρέμουσα κῶλα καὶ μόλις φθάνει
θρόνοισιν ἐμπεσοῦσα μὴ χαμαὶ πεσεῖν. 1170
καί τις γεραιὰ προσπόλων, δόξασά που
ἢ Πανὸς ὀργὰς ἤ τινος θεῶν μολεῖν,
ἀνωλόλυξε, πρίν γ' ὀρᾷ διὰ στόμα
χωροῦντα λευκὸν ἀφρόν, ὀμμάτων τ' ἄπο
κόρας στρέφουσαν, αἷμά τ' οὐκ ἐνὸν χροΐ·
εἶτ' ἀντίμολπον ἧκεν ὀλολυγῆς μέγαν
κωκυτόν. εὐθὺς δ' ἢ μὲν ἐς πατρὸς δόμους
ὥρμησεν, ἢ δὲ πρὸς τὸν ἀρτίως πόσιν,
φράσουσα νύμφης συμφοράν· ἅπασα δὲ
στέγη πυκνοῖσιν ἐκτύπει δρομήμασιν. 1180
ἤδη δ' ἀνέλκων κῶλον ἔκπλεθρον δρόμου
ταχὺς βαδιστὴς τερμόνων ἂν ἥπτετο,
ἢ δ' ἐξ ἀναύδου καὶ μύσαντος ὄμματος
δεινὸν στενάξασ' ἡ τάλαιν' ἠγείρετο.
διπλοῦν γὰρ αὐτῇ πῆμ' ἐπεστρατεύετο·
χρυσοῦς μὲν ἀμφὶ κρατὶ κείμενος πλόκος
θαυμαστὸν ἵει νᾶμα παμφάγου πυρός,
πέπλοι δὲ λεπτοί, σῶν τέκνων δωρήματα,

λεπτὴν ἔδαπτον σάρκα τῆς δυσδαίμονος.
φεύγει δ' ἀναστᾶσ' ἐκ θρόνων πυρουμένη, 1190
σείουσα χαίτην κρᾶτά τ' ἄλλοτ' ἄλλοσε,
ῥῖψαι θέλουσα στέφανον· ἀλλ' ἀραρότως
σύνδεσμα χρυσὸς εἶχε, πῦρ δ', ἐπεὶ κόμην
ἔσεισε, μᾶλλον δὶς τόσως ἐλάμπετο.
πίτνει δ' ἐς οὖδας συμφορᾷ νικωμένη,
πλὴν τῷ τεκόντι κάρτα δυσμαθὴς ἰδεῖν·
οὔτ' ὀμμάτων γὰρ δῆλος ἦν κατάστασις
οὔτ' εὐφυὲς πρόσωπον, αἷμα δ' ἐξ ἄκρου
ἔσταζε κρατὸς συμπεφυρμένον πυρί,
σάρκες δ' ἀπ' ὀστέων ὥστε πεύκινον δάκρυ 1200
γναθμοῖς ἀδήλοις φαρμάκων ἀπέρρεον,
δεινὸν θέαμα· πᾶσι δ' ἦν φόβος θιγεῖν
νεκροῦ· τύχην γὰρ εἴχομεν διδάσκαλον.
πατὴρ δ' ὁ τλήμων συμφορᾶς ἀγνωσίᾳ
ἄφνω προσελθὼν δῶμα προσπίτνει νεκρῷ·
ᾤμωξε δ' εὐθύς, καὶ περιπτύξας χέρας
κυνεῖ προσαυδῶν τοιάδ'· Ὦ δύστηνε παῖ,
τίς σ' ὧδ' ἀτίμως δαιμόνων ἀπώλεσε;
τίς τὸν γέροντα τύμβον ὀρφανὸν σέθεν
τίθησιν; οἴμοι, συνθάνοιμί σοι, τέκνον. 1210
ἐπεὶ δὲ θρήνων καὶ γόων ἐπαύσατο,
χρῄζων γεραιὸν ἐξαναστῆσαι δέμας
προσείχεθ' ὥστε κισσὸς ἔρνεσιν δάφνης
λεπτοῖσι πέπλοις, δεινὰ δ' ἦν παλαίσματα·
ὃ μὲν γὰρ ἤθελ' ἐξαναστῆσαι γόνυ,
ἣ δ' ἀντελάζυτ'. εἰ δὲ πρὸς βίαν ἄγοι,
σάρκας γεραιὰς ἐσπάρασσ' ἀπ' ὀστέων.
χρόνῳ δ' ἀπέσβη καὶ μεθῆχ' ὁ δύσμορος
ψυχήν· κακοῦ γὰρ οὐκέτ' ἦν ὑπέρτερος.
κεῖνται δὲ νεκροὶ παῖς τε καὶ γέρων πατὴρ 1220

πέλας, ποθεινὴ δακρύοισι συμφορά.
καί μοι τὸ μὲν σὸν ἐκποδὼν ἔστω λόγου·
γνώσῃ γὰρ αὐτὴ ζημίας ἀποστροφήν.
τὰ θνητὰ δ' οὐ νῦν πρῶτον ἡγοῦμαι σκιάν,
οὐδ' ἂν τρέσας εἴποιμι τοὺς σοφοὺς βροτῶν
δοκοῦντας εἶναι καὶ μεριμνητὰς λόγων
τούτους μεγίστην ζημίαν ὀφλισκάνειν.
θνητῶν γὰρ οὐδείς ἐστιν εὐδαίμων ἀνήρ·
ὄλβου δ' ἐπιρρυέντος εὐτυχέστερος
ἄλλου γένοιτ' ἂν ἄλλος, εὐδαίμων δ' ἂν οὔ. 1230
ΧΟΡΟΣ
ἔοιχ' ὁ δαίμων πολλὰ τῇδ' ἐν ἡμέρᾳ
κακὰ ξυνάπτειν ἐνδίκως Ἰάσονι.
ὦ τλῆμον, ὥς σου συμφορὰς οἰκτίρομεν,
κόρη Κρέοντος, ἥτις εἰς Ἅιδου δόμους
οἴχῃ γάμων ἕκατι τῶν Ἰάσονος.
ΜΗΔΕΙΑ
φίλαι, δέδοκται τοὔργον ὡς τάχιστά μοι
παῖδας κτανούσῃ τῆσδ' ἀφορμᾶσθαι χθονός,
καὶ μὴ σχολὴν ἄγουσαν ἐκδοῦναι τέκνα
ἄλλῃ φονεῦσαι δυσμενεστέρᾳ χερί.
πάντως σφ' ἀνάγκη κατθανεῖν· ἐπεὶ δὲ χρή, 1240
ἡμεῖς κτενοῦμεν, οἵπερ ἐξεφύσαμεν.
ἀλλ' εἶ' ὁπλίζου, καρδία. τί μέλλομεν
τὰ δεινὰ κἀναγκαῖα μὴ πράσσειν κακά;
ἄγ', ὦ τάλαινα χεὶρ ἐμή, λαβὲ ξίφος,
λάβ', ἕρπε πρὸς βαλβῖδα λυπηρὰν βίου,
καὶ μὴ κακισθῇς μηδ' ἀναμνησθῇς τέκνων,
ὡς φίλταθ', ὡς ἔτικτες· ἀλλὰ τήνδε γε
λαθοῦ βραχεῖαν ἡμέραν παίδων σέθεν,
κἄπειτα θρήνει· καὶ γὰρ εἰ κτενεῖς σφ', ὅμως
φίλοι γ' ἔφυσαν—δυστυχὴς δ' ἐγὼ γυνή. 1250

ΧΟΡΟΣ
ἰὼ Γᾶ τε καὶ παμφαὴς [στρ.
ἀκτὶς Ἀελίου, κατίδετ' ἴδετε τὰν
ὀλομέναν γυναῖκα, πρὶν φοινίαν
τέκνοις προσβαλεῖν χέρ' αὐτοκτόνον·
τεᾶς γὰρ ἀπὸ χρυσέας γονᾶς
ἔβλαστεν, θεοῦ δ' αἷμά τι πίτνειν
φόβος ὑπ' ἀνέρων.
ἀλλά νιν, ὦ φάος διογενές, κάτειρ-
γε κατάπαυσον, ἔξελ' οἴκων φονίαν
τάλαινάν τ' Ἐρινὺν ὑπ' ἀλαστόρων. 1260
μάταν μόχθος ἔρρει τέκνων, [ἀντ.
ἆρα μάταν γένος φίλιον ἔτεκες, ὦ
κυανεᾶν λιποῦσα Συμπληγάδων
πετρᾶν ἀξενωτάταν ἐσβολάν;
δειλαία, τί σοι φρενῶν βαρὺς
χόλος προσπίτνει καὶ δυσμενὴς
φόνος; ἀμείβεται
χαλεπὰ γὰρ βροτοῖς ὁμογενῆ μιά
σματα ἐπὶ γαῖαν αὐτοφόνταις ξυνῳ
δὰ θεόθεν πίτνοντ' ἐπὶ δόμοις ἄχη. 1270
<ΠΑΙΔΕΣ ἔνδοθεν. αἰαῖ.>
ΧΟΡΟΣ
ἀκούεις βοὰν ἀκούεις τέκνων; [στρ. 1273
— ἰὼ τλᾶμον, ὦ κακοτυχὲς γύναι. 1274
ΠΑΙΔΑΓΩΓΟΣ
οἴμοι, τί δράσω; ποῖ φύγω μητρὸς χέρας; 1271
— οὐκ οἶδ', ἄδελφε φίλτατ'· ὀλλύμεσθα γάρ. 1272
ΧΟΡΟΣ
παρέλθω δόμους; ἀρῆξαι φόνον 1275
δοκεῖ μοι τέκνοις.

ΠΑΙΔΑΓΩΓΟΣ
ναί, πρὸς θεῶν, ἀρήξατ'· ἐν δέοντι γάρ.
— ὡς ἐγγὺς ἤδη γ' ἐσμὲν ἀρκύων ξίφους.
ΧΟΡΟΣ
τάλαιν', ὡς ἄρ' ἦσθα πέτρος ἢ σίδα-
ρος, ἅτις τέκνων 1280
ὃν ἔτεκες ἄροτον αὐτόχειρι μοίρᾳ κτενεῖς.
— μίαν δὴ κλύω μίαν τῶν πάρος [ἀντ.
γυναῖκ' ἐν φίλοις χέρα βαλεῖν τέκνοις·
Ἰνὼ μανεῖσαν ἐκ θεῶν, ὅθ' ἡ Διὸς
δάμαρ νιν ἐξέπεμψε δωμάτων ἄλῃ·
πίτνει δ' ἁ τάλαιν' ἐς ἅλμαν φόνῳ
τέκνων δυσσεβεῖ,
ἀκτῆς ὑπερτείνασα ποντίας πόδα,
δυοῖν τε παίδοιν συνθανοῦσ' ἀπόλλυται.
τί δῆτ' οὖν γένοιτ' ἂν ἔτι δεινόν; ὦ 1290
γυναικῶν λέχος
πολύπονον, ὅσα βροτοῖς ἔρεξας ἤδη κακά.
ΙΑΣΩΝ
γυναῖκες, αἳ τῆσδ' ἐγγὺς ἔστατε στέγης,
ἆρ' ἐν δόμοισιν ἡ τὰ δείν' εἰργασμένη
Μήδεια τοῖσδ' ἔτ', ἢ μεθέστηκεν φυγῇ;
δεῖ γάρ νιν ἤτοι γῆς γε κρυφθῆναι κάτω,
ἢ πτηνὸν ἆραι σῶμ' ἐς αἰθέρος βάθος,
εἰ μὴ τυράννων δώμασιν δώσει δίκην·
πέποιθ' ἀποκτείνασα κοιράνους χθονὸς
ἀθῷος αὐτὴ τῶνδε φεύξεσθαι δόμων; 1300
ἀλλ' οὐ γὰρ αὐτῆς φροντίδ' ὡς τέκνων ἔχω·
κείνην μὲν οὓς ἔδρασεν ἔρξουσιν κακῶς,
ἐμῶν δὲ παίδων ἦλθον ἐκσῴσων βίον,
μή μοί τι δράσωσ' οἱ προσήκοντες γένει,
μητρῷον ἐκπράσσοντες ἀνόσιον φόνον.

ΧΟΡΟΣ
ὦ τλῆμον, οὐκ οἶσθ᾽ οἷ κακῶν ἐλήλυθας,
Ἰᾶσον· οὐ γὰρ τούσδ᾽ ἂν ἐφθέγξω λόγους.
ΙΑΣΩΝ
τί δ᾽ ἔστιν; ἦ που κἄμ᾽ ἀποκτεῖναι θέλει;
ΧΟΡΟΣ
παῖδες τεθνᾶσι χειρὶ μητρῴᾳ σέθεν.
ΙΑΣΩΝ
οἴμοι τί λέξεις; ὥς μ᾽ ἀπώλεσας, γύναι. 1310

ΧΟΡΟΣ
ὡς οὐκέτ᾽ ὄντων σῶν τέκνων φρόντιζε δή.
ΙΑΣΩΝ
ποῦ γάρ νιν ἔκτειν᾽; ἐντὸς ἢ ἔξωθεν δόμων;
ΧΟΡΟΣ
πύλας ἀνοίξας σῶν τέκνων ὄψῃ φόνον.
ΙΑΣΩΝ
χαλᾶτε κλῇδας ὡς τάχιστα, πρόσπολοι,
ἐκλύεθ᾽ ἁρμούς, ὡς ἴδω διπλοῦν κακόν,
τοὺς μὲν θανόντας—τὴν δὲ τείσωμαι δίκην.
ΜΗΔΕΙΑ
τί τάσδε κινεῖς κἀναμοχλεύεις πύλας,
νεκροὺς ἐρευνῶν κἀμὲ τὴν εἰργασμένην;
παῦσαι πόνου τοῦδ᾽. εἰ δ᾽ ἐμοῦ χρείαν ἔχεις,
λέγ᾽, εἴ τι βούλῃ, χειρὶ δ᾽ οὐ ψαύσεις ποτέ. 1320
τοιόνδ᾽ ὄχημα πατρὸς Ἥλιος πατὴρ
δίδωσιν ἡμῖν, ἔρυμα πολεμίας χερός.
ΙΑΣΩΝ
ὦ μῖσος, ὦ μέγιστον ἐχθίστη γύναι
θεοῖς τε κἀμοὶ παντί τ᾽ ἀνθρώπων γένει,
ἥτις τέκνοισι σοῖσιν ἐμβαλεῖν ξίφος
ἔτλης τεκοῦσα, κἄμ᾽ ἄπαιδ᾽ ἀπώλεσας·

καὶ ταῦτα δράσασ' ἥλιόν τε προσβλέπεις
καὶ γαῖαν, ἔργον τλᾶσα δυσσεβέστατον·
ὄλοι'· ἐγὼ δὲ νῦν φρονῶ, τότ' οὐ φρονῶν,
ὅτ' ἐκ δόμων σε βαρβάρου τ' ἀπὸ χθονὸς 1330
Ἕλλην' ἐς οἶκον ἠγόμην, κακὸν μέγα,
πατρός τε καὶ γῆς προδότιν ἥ σ' ἐθρέψατο.
τὸν σὸν δ' ἀλάστορ' εἰς ἔμ' ἔσκηψαν θεοί·
κτανοῦσα γὰρ δὴ σὸν κάσιν παρέστιον
τὸ καλλίπρῳρον εἰσέβης Ἀργοῦς σκάφος.
ἤρξω μὲν ἐκ τοιῶνδε· νυμφευθεῖσα δὲ
παρ' ἀνδρὶ τῷδε καὶ τεκοῦσά μοι τέκνα,
εὐνῆς ἕκατι καὶ λέχους σφ' ἀπώλεσας.
οὐκ ἔστιν ἥτις τοῦτ' ἂν Ἑλληνὶς γυνὴ
ἔτλη ποθ', ὧν γε πρόσθεν ἠξίουν ἐγὼ 1340
γῆμαι σέ, κῆδος ἐχθρὸν ὀλέθριόν τ' ἐμοί,
λέαιναν, οὐ γυναῖκα, τῆς Τυρσηνίδος
Σκύλλης ἔχουσαν ἀγριωτέραν φύσιν.
ἀλλ' οὐ γὰρ ἄν σε μυρίοις ὀνείδεσι
δάκοιμι· τοιόνδ' ἐμπέφυκέ σοι θράσος·
ἔρρ', αἰσχροποιὲ καὶ τέκνων μιαιφόνε·
ἐμοὶ δὲ τὸν ἐμὸν δαίμον' αἰάζειν πάρα,
ὃς οὔτε λέκτρων νεογάμων ὀνήσομαι,
οὐ παῖδας οὓς ἔφυσα κἀξεθρεψάμην
ἔξω προσειπεῖν ζῶντας, ἀλλ' ἀπώλεσα. 1350
ΜΗΔΕΙΑ
μακρὰν ἂν ἐξέτεινα τοῖσδ' ἐναντίον
λόγοισιν, εἰ μὴ Ζεὺς πατὴρ ἠπίστατο
οἷ' ἐξ ἐμοῦ πέπονθας οἷά τ' εἰργάσω·
σὺ δ' οὐκ ἔμελλες τἄμ' ἀτιμάσας λέχη
τερπνὸν διάξειν βίοτον ἐγγελῶν ἐμοί·
οὐδ' ἡ τύραννος, οὐδ' ὁ σοὶ προσθεὶς γάμους
Κρέων ἀνατεὶ τῆσδέ μ' ἐκβαλεῖν χθονός.

πρὸς ταῦτα καὶ λέαιναν, εἰ βούλῃ, κάλει
καὶ Σκύλλαν ἢ Τυρσηνὸν ᾤκησεν πέδον·
τῆς σῆς γὰρ ὡς χρὴ καρδίας ἀνθηψάμην. 1360
ΙΑΣΩΝ
καὐτή γε λυπῇ καὶ κακῶν κοινωνὸς εἶ.
ΜΗΔΕΙΑ
σάφ' ἴσθι· λύει δ' ἄλγος, ἢν σὺ μὴ 'γγελᾷς.
ΙΑΣΩΝ
ὦ τέκνα, μητρὸς ὡς κακῆς ἐκύρσατε.
ΜΗΔΕΙΑ
ὦ παῖδες, ὡς ὤλεσθε πατρῴᾳ νόσῳ.
ΙΑΣΩΝ
οὔτοι νυν ἡμὴ δεξιά σφ' ἀπώλεσεν.
ΜΗΔΕΙΑ
ἀ
λλ' ὕβρις, οἵ τε σοὶ νεοδμῆτες γάμοι.
ΙΑΣΩΝ
λέχους σφε κἠξίωσας οὕνεκα κτανεῖν.
ΜΗΔΕΙΑ
σμικρὸν γυναικὶ πῆμα τοῦτ' εἶναι δοκεῖς;
ΙΑΣΩΝ
ἥτις γε σώφρων· σοὶ δὲ πάντ' ἐστὶν κακά.
ΜΗΔΕΙΑ
οἵδ' οὐκέτ' εἰσί· τοῦτο γάρ σε δήξεται.
ΙΑΣΩΝ
οἵδ' εἰσίν, οἴμοι, σῷ κάρᾳ μιάστορες.
ΜΗΔΕΙΑ
ἴσασιν ὅστις ἦρξε πημονῆς θεοί.
ΙΑΣΩΝ
ἴσασι δῆτα σήν γ' ἀπόπτυστον φρένα.
ΜΗΔΕΙΑ
στύγει· πικρὰν δὲ βάξιν ἐχθαίρω σέθεν.

ΙΑΣΩΝ
καὶ μὴν ἐγὼ σήν· ῥᾴδιον δ' ἀπαλλαγαί.
ΜΗΔΕΙΑ
πῶς οὖν; τί δράσω; κάρτα γὰρ κἀγὼ θέλω.
ΙΑΣΩΝ
θάψαι νεκρούς μοι τούσδε καὶ κλαῦσαι πάρες.
ΜΗΔΕΙΑ
οὐ δῆτ', ἐπεί σφας τῇδ' ἐγὼ θάψω χερί,
φέρουσ' ἐς Ἥρας τέμενος Ἀκραίας θεοῦ,
ὡς μή τις αὐτοὺς πολεμίων καθυβρίσῃ, 1380
τύμβους ἀνασπῶν· γῇ δὲ τῇδε Σισύφου
σεμνὴν ἑορτὴν καὶ τέλη προσάψομεν
τὸ λοιπὸν ἀντὶ τοῦδε δυσσεβοῦς φόνου.
αὐτὴ δὲ γαῖαν εἶμι τὴν Ἐρεχθέως,
Αἰγεῖ συνοικήσουσα τῷ Πανδίονος.
σὺ δ', ὥσπερ εἰκός, κατθανῇ κακὸς κακῶς,
Ἀργοῦς κάρα σὸν λειψάνῳ πεπληγμένος,
πικρὰς τελευτὰς τῶν ἐμῶν γάμων ἰδών.
ΙΑΣΩΝ
ἀλλά σ' Ἐρινὺς ὀλέσειε τέκνων
φονία τε Δίκη. 1390
ΜΗΔΕΙΑ
τίς δὲ κλύει σοῦ θεὸς ἢ δαίμων,
τοῦ ψευδόρκου καὶ ξειναπάτου;
ΙΑΣΩΝ
φεῦ φεῦ, μυσαρὰ καὶ παιδολέτορ.
ΜΗΔΕΙΑ
στεῖχε πρὸς οἴκους καὶ θάπτ' ἄλοχον.
ΙΑΣΩΝ
στείχω, δισσῶν γ' ἄμορος τέκνων.
ΜΗΔΕΙΑ
οὔπω θρηνεῖς· μένε καὶ γῆρας.

ΙΑΣΩΝ
ὦ τέκνα φίλτατα.
ΜΗΔΕΙΑ
μητρί γε, σοὶ δ' οὔ.
ΙΑΣΩΝ
κἄπειτ' ἔκανες;
ΜΗΔΕΙΑ
σέ γε πημαίνουσ'.
ΙΑΣΩΝ
ὤμοι, φιλίου χρῄζω στόματος
παίδων ὁ τάλας προσπτύξασθαι. 1400
ΜΗΔΕΙΑ
νῦν σφε προσαυδᾷς, νῦν ἀσπάζῃ,
τότ' ἀπωσάμενος.
ΙΑΣΩΝ
δός μοι πρὸς θεῶν
μαλακοῦ χρωτὸς ψαῦσαι τέκνων.
ΜΗΔΕΙΑ
οὐκ ἔστι· μάτην ἔπος ἔρριπται.
ΙΑΣΩΝ
Ζεῦ, τάδ' ἀκούεις ὡς ἀπελαυνόμεθ',
οἷά τε πάσχομεν ἐκ τῆς μυσαρᾶς
καὶ παιδοφόνου τῆσδε λεαίνης;
ἀλλ' ὁπόσον γοῦν πάρα καὶ δύναμαι
τάδε καὶ θρηνῶ κἀπιθεάζω,
μαρτυρόμενος δαίμονας ὥς μοι 1410
τέκνα κτείνασ' ἀποκωλύεις
ψαῦσαί τε χεροῖν θάψαι τε νεκρούς,
οὓς μήποτ' ἐγὼ φύσας ὄφελον
πρὸς σοῦ φθιμένους ἐπιδέσθαι.
ΧΟΡΟΣ
πολλῶν ταμίας Ζεὺς ἐν Ὀλύμπῳ,

πολλὰ δ' ἀέλπτως κραίνουσι θεοί·
καὶ τὰ δοκηθέντ' οὐκ ἐτελέσθη,
τῶν δ' ἀδοκήτων πόρον ηὗρε θεός.
τοιόνδ' ἀπέβη τόδε πρᾶγμα.

ΒΆΚΧΑΙ

ΔΙΌΝΥΣΟΣ
ἥκω Διὸς παῖς τήνδε Θηβαίων χθόνα
Διόνυσος, ὃν τίκτει ποθ' ἡ Κάδμου κόρη
Σεμέλη λοχευθεῖσ' ἀστραπηφόρῳ πυρί·
μορφὴν δ' ἀμείψας ἐκ θεοῦ βροτησίαν
πάρειμι Δίρκης νάματ' Ἰσμηνοῦ θ' ὕδωρ. 5
ὁρῶ δὲ μητρὸς μνῆμα τῆς κεραυνίας
τόδ' ἐγγὺς οἴκων καὶ δόμων ἐρείπια
τυφόμενα Δίου πυρὸς ἔτι ζῶσαν φλόγα,
ἀθάνατον Ἥρας μητέρ' εἰς ἐμὴν ὕβριν.
αἰνῶ δὲ Κάδμον, ἄβατον ὃς πέδον τόδε 10
τίθησι, θυγατρὸς σηκόν· ἀμπέλου δέ νιν
πέριξ ἐγὼ 'κάλυψα βοτρυώδει χλόῃ.
λιπὼν δὲ Λυδῶν τοὺς πολυχρύσους γύας
Φρυγῶν τε, Περσῶν θ' ἡλιοβλήτους πλάκας
Βάκτριά τε τείχη τήν τε δύσχιμον χθόνα 15
Μήδων ἐπελθὼν Ἀραβίαν τ' εὐδαίμονα
Ἀσίαν τε πᾶσαν, ἣ παρ' ἁλμυρὰν ἅλα
κεῖται μιγάσιν Ἕλλησι βαρβάροις θ' ὁμοῦ
πλήρεις ἔχουσα καλλιπυργώτους πόλεις,
ἐς τήνδε πρῶτον ἦλθον Ἑλλήνων πόλιν, 20
τἀκεῖ χορεύσας καὶ καταστήσας ἐμὰς
τελετάς, ἵν' εἴην ἐμφανὴς δαίμων βροτοῖς.
πρώτας δὲ Θήβας τῆσδε γῆς Ἑλληνίδος
ἀνωλόλυξα, νεβρίδ' ἐξάψας χροὸς
θύρσον τε δοὺς ἐς χεῖρα, κίσσινον βέλος· 25
ἐπεί μ' ἀδελφαὶ μητρός, ἃς ἥκιστα χρῆν,

Διόνυσον οὐκ ἔφασκον ἐκφῦναι Διός,
Σεμέλην δὲ νυμφευθεῖσαν ἐκ θνητοῦ τινος
ἐς Ζῆν' ἀναφέρειν τὴν ἁμαρτίαν λέχους,
Κάδμου σοφίσμαθ', ὧν νιν οὕνεκα κτανεῖν 30
Ζῆν' ἐξεκαυχῶνθ', ὅτι γάμους ἐψεύσατο.
τοιγάρ νιν αὐτὰς ἐκ δόμων ᾤστρησ' ἐγὼ
μανίαις, ὄρος δ' οἰκοῦσι παράκοποι φρενῶν·
σκευήν τ' ἔχειν ἠνάγκασ' ὀργίων ἐμῶν,
καὶ πᾶν τὸ θῆλυ σπέρμα Καδμείων, ὅσαι 35
γυναῖκες ἦσαν, ἐξέμηνα δωμάτων·
ὁμοῦ δὲ Κάδμου παισὶν ἀναμεμειγμέναι
χλωραῖς ὑπ' ἐλάταις ἀνορόφοις ἧνται πέτραις.
δεῖ γὰρ πόλιν τήνδ' ἐκμαθεῖν, κεἰ μὴ θέλει,
ἀτέλεστον οὖσαν τῶν ἐμῶν βακχευμάτων, 40
Σεμέλης τε μητρὸς ἀπολογήσασθαί μ' ὕπερ
φανέντα θνητοῖς δαίμον' ὃν τίκτει Διί.

ΔΙΌΝΥΣΟΣ
Κάδμος μὲν οὖν γέρας τε καὶ τυραννίδα
Πενθεῖ δίδωσι θυγατρὸς ἐκπεφυκότι,
ὃς θεομαχεῖ τὰ κατ' ἐμὲ καὶ σπονδῶν ἄπο 45
ὠθεῖ μ', ἐν εὐχαῖς τ' οὐδαμοῦ μνείαν ἔχει.
ὧν οὕνεκ' αὐτῷ θεὸς γεγὼς ἐνδείξομαι
πᾶσίν τε Θηβαίοισιν. ἐς δ' ἄλλην χθόνα,
τἀνθένδε θέμενος εὖ, μεταστήσω πόδα,
δεικνὺς ἐμαυτόν· ἢν δὲ Θηβαίων πόλις 50
ὀργῇ σὺν ὅπλοις ἐξ ὄρους βάκχας ἄγειν
ζητῇ, ξυνάψω μαινάσι στρατηλατῶν.
ὧν οὕνεκ' εἶδος θνητὸν ἀλλάξας ἔχω
μορφήν τ' ἐμὴν μετέβαλον εἰς ἀνδρὸς φύσιν.
ἀλλ', ὦ λιποῦσαι Τμῶλον ἔρυμα Λυδίας, 55
θίασος ἐμός, γυναῖκες, ἃς ἐκ βαρβάρων
ἐκόμισα παρέδρους καὶ ξυνεμπόρους ἐμοί,

αἵρεσθε τἀπιχώρι᾽ ἐν πόλει Φρυγῶν
τύμπανα, Ῥέας τε μητρὸς ἐμά θ᾽ εὐρήματα,
βασίλειά τ᾽ ἀμφὶ δώματ᾽ ἐλθοῦσαι τάδε 60
κτυπεῖτε Πενθέως, ὡς ὁρᾷ Κάδμου πόλις.
ἐγὼ δὲ βάκχαις, ἐς Κιθαιρῶνος πτυχὰς
ἐλθὼν ἵν᾽ εἰσί, συμμετασχήσω χορῶν.

ΧΟΡΟΣ
Ἀσίας ἀπὸ γᾶς
ἱερὸν Τμῶλον ἀμείψασα θοάζω 65
Βρομίῳ πόνον ἡδὺν
κάματόν τ᾽ εὐκάματον, Βάκ-
χιον εὐαζομένα.
τίς ὁδῷ τίς ὁδῷ; τίς;
μελάθροις ἔκτοπος ἔστω, στόμα τ᾽ εὔφη-
μον ἅπας ἐξοσιούσθω· 70
τὰ νομισθέντα γὰρ ἀ̓εὶ
Διόνυσον ὑμνήσω.
ὦ
μάκαρ, ὅστις εὐδαίμων 73b
τελετὰς θεῶν εἰδὼς
βιοτὰν ἁγιστεύει καὶ 74b
θιασεύεται ψυχὰν 75
ἐν ὄρεσσι βακχεύων
ὁσίοις καθαρμοῖσιν,
τά τε ματρὸς μεγάλας ὄρ-
για Κυβέλας θεμιτεύων,
ἀνὰ θύρσον τε τινάσσων, 80
κισσῷ τε στεφανωθεὶς
Διόνυσον θεραπεύει.
ἴτε βάκχαι, ἴτε βάκχαι,
Βρόμιον παῖδα θεὸν θεοῦ
Διόνυσον κατάγουσαι 85

Φρυγίων ἐξ ὀρέων Ἑλ-
λάδος εἰς εὐρυχόρους ἀ-
γυιάς, τὸν Βρόμιον· 87b
ὅν
ποτ' ἔχουσ' ἐν ὠδίνων 88b
λοχίαις ἀνάγκαισι
πταμένας Διὸς βροντᾶς νη- 90
δύος ἔκβολον μάτηρ
ἔτεκεν, λιποῦσ' αἰῶ-
να κεραυνίῳ πληγᾷ·
λοχίοις δ' αὐτίκα νιν δέ-
ξατο θαλάμαις Κρονίδας Ζεύς, 95
κατὰ μηρῷ δὲ καλύψας
χρυσέαισιν συνερείδει
περόναις κρυπτὸν ἀφ' Ἥρας.
ἔτεκεν δ', ἀνίκα Μοῖραι
τέλεσαν, ταυρόκερων θεὸν 100
στεφάνωσέν τε δρακόντων
στεφάνοις, ἔνθεν ἄγραν θη-
ροτρόφον μαινάδες ἀμφι-
βάλλονται πλοκάμοις.
ὦ Σεμέλας τροφοὶ Θῆ- 105
βαι, στεφανοῦσθε κισσῷ·
βρύετε βρύετε χλοήρει
μίλακι καλλικάρπῳ
καὶ καταβακχιοῦσθε δρυὸς
ἢ ἐλάτας κλάδοισι, 110
στικτῶν τ' ἐνδυτὰ νεβρίδων
στέφετε λευκοτρίχων πλοκάμων
μαλλοῖς· ἀμφὶ δὲ νάρθηκας ὑβριστὰς
ὁσιοῦσθ'· αὐτίκα γᾶ πᾶσα χορεύσει--
Βρόμιος ὅστις ἄγῃ θιάσους-- 115

εἰς ὄρος εἰς ὄρος, ἔνθα μένει
θηλυγενὴς ὄχλος
ἀφ' ἱστῶν παρὰ κερκίδων τ'
οἰστρηθεὶς Διονύσῳ.
ὦ θαλάμευμα Κουρή- 120
των ζάθεοί τε Κρήτας
Διογενέτορες ἔναυλοι,
ἔνθα τρικόρυθες ἄντροις
βυρσότονον κύκλωμα τόδε
μοι Κορύβαντες ηὗρον· 125
βακχείᾳ δ' ἀνὰ συντόνῳ
κέρασαν ἁδυβόᾳ Φρυγίων
αὐλῶν πνεύματι ματρός τε Ῥέας ἐς
χέρα θῆκαν, κτύπον εὐάσμασι Βακχᾶν·
παρὰ δὲ μαινόμενοι Σάτυροι 130
ματέρος ἐξανύσαντο θεᾶς,
ἐς δὲ χορεύματα
συνῆψαν τριετηρίδων,
αἷς χαίρει Διόνυσος.
ἡδὺς ἐν ὄρεσιν, ὅταν ἐκ θιάσων δρομαί- 135
ων πέσῃ πεδόσε, νε-
βρίδος ἔχων ἱερὸν ἐνδυτόν, ἀγρεύων 138
αἷμα τραγοκτόνον, ὠμοφάγον χάριν, ἱέμε-
νος ἐς ὄρεα Φρύγια, Λύδι', ὁ δ' ἔξαρχος Βρόμιος, 140
εὐοῖ.
ῥεῖ δὲ γάλακτι πέδον, ῥεῖ δ' οἴνῳ, ῥεῖ δὲ μελισσᾶν
νέκταρι.
Συρίας δ' ὡς λιβάνου κα-
πνὸν ὁ Βακχεὺς ἀνέχων 145
πυρσώδη φλόγα πεύκας
ἐκ νάρθηκος ἀίσσει
δρόμῳ καὶ χοροῖσιν

πλανάτας ἐρεθίζων
ἰαχαῖς τ' ἀναπάλλων,
τρυφερόν <τε> πλόκαμον εἰς αἰθέρα ῥίπτων. 150
ἅμα δ' εὐάσμασι τοιάδ' ἐπιβρέμει·
Ὦ ἴτε βάκχαι,
[ὦ] ἴτε βάκχαι,
Τμώλου χρυσορόου χλιδᾷ
μέλπετε τὸν Διόνυσον 155
βαρυβρόμων ὑπὸ τυμπάνων, 157
εὔια τὸν εὔιον ἀγαλλόμεναι θεὸν
ἐν Φρυγίαισι βοαῖς ἐνοπαῖσί τε,
λωτὸς ὅταν εὐκέλαδος 160
ἱερὸς ἱερὰ παίγματα βρέμῃ, σύνοχα 164
φοιτάσιν εἰς ὄρος εἰς ὄρος· ἡδομέ- 165
να δ' ἄρα, πῶλος ὅπως ἅμα ματέρι
φορβάδι, κῶλον ἄγει ταχύπουν σκιρτήμασι βάκχα. 169
ΤΕΙΡΕΣΊΑΣ
τίς ἐν πύλαισι; Κάδμον ἐκκάλει δόμων, 170
Ἀγήνορος παῖδ', ὃς πόλιν Σιδωνίαν
λιπὼν ἐπύργωσ' ἄστυ Θηβαίων τόδε.
ἴτω τις, εἰσάγγελλε Τειρεσίας ὅτι
ζητεῖ νιν· οἶδε δ' αὐτὸς ὧν ἥκω πέρι
ἅ τε ξυνεθέμην πρέσβυς ὢν γεραιτέρῳ, 175
θύρσους ἀνάπτειν καὶ νεβρῶν δορὰς ἔχειν
στεφανοῦν τε κρᾶτα κισσίνοις βλαστήμασιν.
ΚΆΔΜΟΣ
ὦ φίλταθ', ὡς σὴν γῆρυν ᾐσθόμην κλύων
σοφὴν σοφοῦ παρ' ἀνδρός, ἐν δόμοισιν ὤν·
ἥκω δ' ἕτοιμος τήνδ' ἔχων σκευὴν θεοῦ· 180
δεῖ γάρ νιν ὄντα παῖδα θυγατρὸς ἐξ ἐμῆς
[Διόνυσον ὃς πέφηνεν ἀνθρώποις θεὸς]
ὅσον καθ' ἡμᾶς δυνατὸν αὔξεσθαι μέγαν.

ποῖ δεῖ χορεύειν, ποῖ καθιστάναι πόδα
καὶ κρᾶτα σεῖσαι πολιόν; ἐξηγοῦ σύ μοι 185
γέρων γέροντι, Τειρεσία· σὺ γὰρ σοφός.
ὡς οὐ κάμοιμ᾽ ἂν οὔτε νύκτ᾽ οὔθ᾽ ἡμέραν
θύρσῳ κροτῶν γῆν· ἐπιλελήσμεθ᾽ ἡδέως
γέροντες ὄντες.
ΤΕΙΡΕΣΊΑΣ
ταῦτ᾽ ἐμοὶ πάσχεις ἄρα·
κἀγὼ γὰρ ἡβῶ κἀπιχειρήσω χοροῖς. 190
ΚΆΔΜΟΣ
οὔκουν ὄχοισιν εἰς ὄρος περάσομεν;
ΤΕΙΡΕΣΊΑΣ
ἀλλ᾽ οὐχ ὁμοίως ἂν ὁ θεὸς τιμὴν ἔχοι.
ΚΆΔΜΟΣ
γέρων γέροντα παιδαγωγήσω σ᾽ ἐγώ.
ΤΕΙΡΕΣΊΑΣ
ὁ θεὸς ἀμοχθὶ κεῖσε νῷν ἡγήσεται.
ΚΆΔΜΟΣ
μόνοι δὲ πόλεως Βακχίῳ χορεύσομεν; 195
ΤΕΙΡΕΣΊΑΣ
μόνοι γὰρ εὖ φρονοῦμεν, οἱ δ᾽ ἄλλοι κακῶς.
ΚΆΔΜΟΣ
μακρὸν τὸ μέλλειν· ἀλλ᾽ ἐμῆς ἔχου χερός.
ΤΕΙΡΕΣΊΑΣ
ἰδού, ξύναπτε καὶ ξυνωρίζου χέρα.
ΚΆΔΜΟΣ
οὐ καταφρονῶ ᾽γὼ τῶν θεῶν θνητὸς γεγώς.
ΤΕΙΡΕΣΊΑΣ
οὐδὲν σοφιζόμεσθα τοῖσι δαίμοσιν. 200
πατρίους παραδοχάς, ἅς θ᾽ ὁμήλικας χρόνῳ
κεκτήμεθ᾽, οὐδεὶς αὐτὰ καταβαλεῖ λόγος,
οὐδ᾽ εἰ δι᾽ ἄκρων τὸ σοφὸν ηὕρηται φρενῶν.

ἐρεῖ τις ὡς τὸ γῆρας οὐκ αἰσχύνομαι,
μέλλων χορεύειν κρᾶτα κισσώσας ἐμόν; 205
οὐ γὰρ διήρηχ' ὁ θεός, οὔτε τὸν νέον
εἰ χρὴ χορεύειν οὔτε τὸν γεραίτερον,
ἀλλ' ἐξ ἁπάντων βούλεται τιμὰς ἔχειν
κοινάς, διαριθμῶν δ' οὐδέν' αὔξεσθαι θέλει.
ΚΆΔΜΟΣ
ἐπεὶ σὺ φέγγος, Τειρεσία, τόδ' οὐχ ὁρᾷς, 210
ἐγὼ προφήτης σοι λόγων γενήσομαι.
Πενθεὺς πρὸς οἴκους ὅδε διὰ σπουδῆς περᾷ,
Ἐχίονος παῖς, ᾧ κράτος δίδωμι γῆς.
ὡς ἐπτόηται· τί ποτ' ἐρεῖ νεώτερον;
ΠΕΝΘΕΎΣ
ἔκδημος ὢν μὲν τῆσδ' ἐτύγχανον χθονός, 215
κλύω δὲ νεοχμὰ τήνδ' ἀνὰ πτόλιν κακά,
γυναῖκας ἡμῖν δώματ' ἐκλελοιπέναι
πλασταῖσι βακχείαισιν, ἐν δὲ δασκίοις
ὄρεσι θοάζειν, τὸν νεωστὶ δαίμονα
Διόνυσον, ὅστις ἔστι, τιμώσας χοροῖς· 220
πλήρεις δὲ θιάσοις ἐν μέσοισιν ἑστάναι
κρατῆρας, ἄλλην δ' ἄλλοσ' εἰς ἐρημίαν
πτώσσουσαν εὐναῖς ἀρσένων ὑπηρετεῖν,
πρόφασιν μὲν ὡς δὴ μαινάδας θυοσκόους,
τὴν δ' Ἀφροδίτην πρόσθ' ἄγειν τοῦ Βακχίου. 225
ὅσας μὲν οὖν εἴληφα, δεσμίους χέρας
σῴζουσι πανδήμοισι πρόσπολοι στέγαις·
ὅσαι δ' ἄπεισιν, ἐξ ὄρους θηράσομαι,
[Ἰνώ τ' Ἀγαύην θ', ἥ μ' ἔτικτ' Ἐχίονι,
Ἀκταίονός τε μητέρ', Αὐτονόην λέγω.] 230
καὶ σφᾶς σιδηραῖς ἁρμόσας ἐν ἄρκυσιν
παύσω κακούργου τῆσδε βακχείας τάχα.
λέγουσι δ' ὥς τις εἰσελήλυθε ξένος,

γόης ἐπῳδὸς Λυδίας ἀπὸ χθονός,
ξανθοῖσι βοστρύχοισιν εὐοσμῶν κόμην, 235
οἰνῶπας ὄσσοις χάριτας Ἀφροδίτης ἔχων,
ὃς ἡμέρας τε κεὐφρόνας συγγίγνεται
τελετὰς προτείνων εὐίους νεάνισιν.
εἰ δ' αὐτὸν εἴσω τῆσδε λήψομαι στέγης,
παύσω κτυποῦντα θύρσον ἀνασείοντά τε 240
κόμας, τράχηλον σώματος χωρὶς τεμών.
ἐκεῖνος εἶναί φησι Διόνυσον θεόν,
ἐκεῖνος ἐν μηρῷ ποτ' ἐρράφθαι Διός,
ὃς ἐκπυροῦται λαμπάσιν κεραυνίαις
σὺν μητρί, Δίους ὅτι γάμους ἐψεύσατο. 245
ταῦτ' οὐχὶ δεινῆς ἀγχόνης ἔστ' ἄξια,
ὕβρεις ὑβρίζειν, ὅστις ἔστιν ὁ ξένος;
ἀτὰρ τόδ' ἄλλο θαῦμα, τὸν τερασκόπον
ἐν ποικίλαισι νεβρίσι Τειρεσίαν ὁρῶ
πατέρα τε μητρὸς τῆς ἐμῆς--πολὺν γέλων-- 250
νάρθηκι βακχεύοντ'· ἀναίνομαι, πάτερ,
τὸ γῆρας ὑμῶν εἰσορῶν νοῦν οὐκ ἔχον.
οὐκ ἀποτινάξεις κισσόν; οὐκ ἐλευθέραν
θύρσου μεθήσεις χεῖρ', ἐμῆς μητρὸς πάτερ;
σὺ ταῦτ' ἔπεισας, Τειρεσία· τόνδ' αὖ θέλεις 255
τὸν δαίμον' ἀνθρώποισιν ἐσφέρων νέον
σκοπεῖν πτερωτοὺς κἀμπύρων μισθοὺς φέρειν.
εἰ μή σε γῆρας πολιὸν ἐξερρύετο,
καθῆσ' ἂν ἐν βάκχαισι δέσμιος μέσαις,
τελετὰς πονηρὰς εἰσάγων· γυναιξὶ γὰρ 260
ὅπου βότρυος ἐν δαιτὶ γίγνεται γάνος,
οὐχ ὑγιὲς οὐδὲν ἔτι λέγω τῶν ὀργίων.

ΧΟΡΌΣ
τῆς δυσσεβείας. ὦ ξέν', οὐκ αἰδῇ θεοὺς
Κάδμον τε τὸν σπείραντα γηγενῆ στάχυν,

Ἐχίονος δ' ὢν παῖς καταισχύνεις γένος; 265
ΤΕΙΡΕΣΊΑΣ
ὅταν λάβῃ τις τῶν λόγων ἀνὴρ σοφὸς
καλὰς ἀφορμάς, οὐ μέγ' ἔργον εὖ λέγειν·
σὺ δ' εὔτροχον μὲν γλῶσσαν ὡς φρονῶν ἔχεις,
ἐν τοῖς λόγοισι δ' οὐκ ἔνεισί σοι φρένες.
θράσει δὲ δυνατὸς καὶ λέγειν οἷός τ' ἀνὴρ 270
κακὸς πολίτης γίγνεται νοῦν οὐκ ἔχων.
οὗτος δ' ὁ δαίμων ὁ νέος, ὃν σὺ διαγελᾷς,
οὐκ ἂν δυναίμην μέγεθος ἐξειπεῖν ὅσος
καθ' Ἑλλάδ' ἔσται. δύο γάρ, ὦ νεανία,
τὰ πρῶτ' ἐν ἀνθρώποισι· Δημήτηρ θεά-- 275
γῆ δ' ἐστίν, ὄνομα δ' ὁπότερον βούλῃ κάλει·
αὕτη μὲν ἐν ξηροῖσιν ἐκτρέφει βροτούς·
ὃς δ' ἦλθ' ἔπειτ', ἀντίπαλον ὁ Σεμέλης γόνος
βότρυος ὑγρὸν πῶμ' ηὗρε κεἰσηνέγκατο
θνητοῖς, ὃ παύει τοὺς ταλαιπώρους βροτοὺς 280
λύπης, ὅταν πλησθῶσιν ἀμπέλου ῥοῆς,
ὕπνον τε λήθην τῶν καθ' ἡμέραν κακῶν
δίδωσιν, οὐδ' ἔστ' ἄλλο φάρμακον πόνων.
οὗτος θεοῖσι σπένδεται θεὸς γεγώς,
ὥστε διὰ τοῦτον τἀγάθ' ἀνθρώπους ἔχειν. 285
καὶ καταγελᾷς νιν, ὡς ἐνερράφη Διὸς
μηρῷ; διδάξω σ' ὡς καλῶς ἔχει τόδε.
ἐπεί νιν ἥρπασ' ἐκ πυρὸς κεραυνίου
Ζεύς, ἐς δ' Ὄλυμπον βρέφος ἀνήγαγεν θεόν,
Ἥρα νιν ἤθελ' ἐκβαλεῖν ἀπ' οὐρανοῦ· 290
Ζεὺς δ' ἀντεμηχανήσαθ' οἷα δὴ θεός.
ῥήξας μέρος τι τοῦ χθόν' ἐγκυκλουμένου
αἰθέρος, ἔθηκε τόνδ' ὅμηρον ἐκδιδούς,
*
Διόνυσον Ἥρας νεικέων· χρόνῳ δέ νιν

βροτοὶ ῥαφῆναί φασιν ἐν μηρῷ Διός, 295
ὄνομα μεταστήσαντες, ὅτι θεᾷ θεὸς
Ἥρᾳ ποθ᾽ ὡμήρευσε, συνθέντες λόγον.

ΤΕΙΡΕΣΊΑΣ
μάντις δ᾽ ὁ δαίμων ὅδε· τὸ γὰρ βακχεύσιμον
καὶ τὸ μανιῶδες μαντικὴν πολλὴν ἔχει·
ὅταν γὰρ ὁ θεὸς ἐς τὸ σῶμ᾽ ἔλθῃ πολύς, 300
λέγειν τὸ μέλλον τοὺς μεμηνότας ποιεῖ.
Ἄρεώς τε μοῖραν μεταλαβὼν ἔχει τινά·
στρατὸν γὰρ ἐν ὅπλοις ὄντα κἀπὶ τάξεσιν
φόβος διεπτόησε πρὶν λόγχης θιγεῖν.
μανία δὲ καὶ τοῦτ᾽ ἐστὶ Διονύσου πάρα. 305
ἔτ᾽ αὐτὸν ὄψῃ κἀπὶ Δελφίσιν πέτραις
πηδῶντα σὺν πεύκαισι δικόρυφον πλάκα,
πάλλοντα καὶ σείοντα βακχεῖον κλάδον,
μέγαν τ᾽ ἀν᾽ Ἑλλάδα. ἀλλ᾽ ἐμοί, Πενθεῦ, πιθοῦ·
μὴ τὸ κράτος αὔχει δύναμιν ἀνθρώποις ἔχειν, 310
μηδ᾽, ἢν δοκῇς μέν, ἡ δὲ δόξα σου νοσῇ,
φρονεῖν δόκει τι· τὸν θεὸν δ᾽ ἐς γῆν δέχου
καὶ σπένδε καὶ βάκχευε καὶ στέφου κάρα.
οὐχ ὁ Διόνυσος σωφρονεῖν ἀναγκάσει
γυναῖκας ἐς τὴν Κύπριν, ἀλλ᾽ ἐν τῇ φύσει 315
[τὸ σωφρονεῖν ἔνεστιν εἰς τὰ πάντ᾽ ἀεί]
τοῦτο σκοπεῖν χρή· καὶ γὰρ ἐν βακχεύμασιν
οὖσ᾽ ἥ γε σώφρων οὐ διαφθαρήσεται.
ὁρᾷς, σὺ χαίρεις, ὅταν ἐφεστῶσιν πύλαις
πολλοί, τὸ Πενθέως δ᾽ ὄνομα μεγαλύνῃ πόλις· 320
κἀκεῖνος, οἶμαι, τέρπεται τιμώμενος.
ἐγὼ μὲν οὖν καὶ Κάδμος, ὃν σὺ διαγελᾷς,
κισσῷ τ᾽ ἐρεψόμεσθα καὶ χορεύσομεν,
πολιὰ ξυνωρίς, ἀλλ᾽ ὅμως χορευτέον,
κοὐ θεομαχήσω σῶν λόγων πεισθεὶς ὕπο. 325

μαίνῃ γὰρ ὡς ἄλγιστα, κοὔτε φαρμάκοις
ἄκη λάβοις ἂν οὔτ' ἄνευ τούτων νοσεῖς.
ΧΟΡΌΣ
ὦ πρέσβυ, Φοῖβόν τ' οὐ καταισχύνεις λόγοις,
τιμῶν τε Βρόμιον σωφρονεῖς, μέγαν θεόν.
ΚΆΔΜΟΣ
ὦ παῖ, καλῶς σοι Τειρεσίας παρῄνεσεν. 330
οἴκει μεθ' ἡμῶν, μὴ θύραζε τῶν νόμων.
νῦν γὰρ πέτῃ τε καὶ φρονῶν οὐδὲν φρονεῖς.
κεί μὴ γὰρ ἔστιν ὁ θεὸς οὗτος, ὡς σὺ φῄς,
παρὰ σοὶ λεγέσθω· καὶ καταψεύδου καλῶς
ὡς ἔστι, Σεμέλη θ' ἵνα δοκῇ θεὸν τεκεῖν, 335
ἡμῖν τε τιμὴ παντὶ τῷ γένει προσῇ.
ὁρᾷς τὸν Ἀκτέωνος ἄθλιον μόρον,
ὃν ὠμόσιτοι σκύλακες ἃς ἐθρέψατο
διεσπάσαντο, κρεῖσσον' ἐν κυναγίαις
Ἀρτέμιδος εἶναι κομπάσαντ', ἐν ὀργάσιν. 340
ὃ μὴ πάθῃς σύ· δεῦρό σου στέψω κάρα
κισσῷ· μεθ' ἡμῶν τῷ θεῷ τιμὴν δίδου.
ΠΕΝΘΕΎΣ
οὐ μὴ προσοίσεις χεῖρα, βακχεύσεις δ' ἰών,
μηδ' ἐξομόρξῃ μωρίαν τὴν σὴν ἐμοί;
τῆς σῆς <δ'> ἀνοίας τόνδε τὸν διδάσκαλον 345
δίκην μέτειμι. στειχέτω τις ὡς τάχος,
ἐλθὼν δὲ θάκους τοῦδ' ἵν' οἰωνοσκοπεῖ
μοχλοῖς τριαίνου κἀνάτρεψον ἔμπαλιν,
ἄνω κάτω τὰ πάντα συγχέας ὁμοῦ,
καὶ στέμματ' ἀνέμοις καὶ θυέλλαισιν μέθες. 350
μάλιστα γάρ νιν δήξομαι δράσας τάδε.
οἳ δ' ἀνὰ πόλιν στείχοντες ἐξιχνεύσατε
τὸν θηλύμορφον ξένον, ὃς ἐσφέρει νόσον
καινὴν γυναιξὶ καὶ λέχη λυμαίνεται.

κἄνπερ λάβητε, δέσμιον πορεύσατε 355
δεῦρ' αὐτόν, ὡς ἂν λευσίμου δίκης τυχὼν
θάνῃ, πικρὰν βάκχευσιν ἐν Θήβαις ἰδών.
ΤΕΙΡΕΣΊΑΣ
ὦ σχέτλι', ὡς οὐκ οἶσθα ποῦ ποτ' εἶ λόγων.
μέμηνας ἤδη· καὶ πρὶν ἐξέστης φρενῶν.
στείχωμεν ἡμεῖς, Κάδμε, κἀξαιτώμεθα 360
ὑπέρ τε τούτου καίπερ ὄντος ἀγρίου
ὑπέρ τε πόλεως τὸν θεὸν μηδὲν νέον
δρᾶν. ἀλλ' ἕπου μοι κισσίνου βάκτρου μέτα,
πειρῶ δ' ἀνορθοῦν σῶμ' ἐμόν, κἀγὼ τὸ σόν·
γέροντε δ' αἰσχρὸν δύο πεσεῖν· ἴτω δ' ὅμως, 365
τῷ Βακχίῳ γὰρ τῷ Διὸς δουλευτέον.
Πενθεὺς δ' ὅπως μὴ πένθος εἰσοίσει δόμοις
τοῖς σοῖσι, Κάδμε· μαντικῇ μὲν οὐ λέγω,
τοῖς πράγμασιν δέ· μῶρα γὰρ μῶρος λέγει.
ΧΟΡΌΣ
Ὁσία πότνα θεῶν, 370
Ὁσία δ' ἃ κατὰ γᾶν
χρυσέαν πτέρυγα φέρεις,
τάδε Πενθέως ἀίεις;
ἀίεις οὐχ ὁσίαν
ὕβριν ἐς τὸν Βρόμιον, τὸν 375
Σεμέλας, τὸν παρὰ καλλι-
στεφάνοις εὐφροσύναις δαί-
μονα πρῶτον μακάρων; ὃς τάδ' ἔχει,
θιασεύειν τε χοροῖς
μετά τ' αὐλοῦ γελάσαι 380
ἀποπαῦσαί τε μερίμνας,
ὁπόταν βότρυος ἔλθῃ
γάνος ἐν δαιτὶ θεῶν, κισ-
σοφόροις δ' ἐν θαλίαις ἀν-

δράσι κρατὴρ ὕπνον ἀμ- 385
φιβάλλῃ. 385b
ἀχαλίνων στομάτων
ἀνόμου τ' ἀφροσύνας
τὸ τέλος δυστυχία·
ὁ δὲ τᾶς ἡσυχίας
βίοτος καὶ τὸ φρονεῖν 390
ἀσάλευτόν τε μένει καὶ
συνέχει δώματα· πόρσω
γὰρ ὅμως αἰθέρα ναίον-
τες ὁρῶσιν τὰ βροτῶν οὐρανίδαι.
τὸ σοφὸν δ' οὐ σοφία 395
τό τε μὴ θνητὰ φρονεῖν.
βραχὺς αἰών· ἐπὶ τούτῳ
δέ τις ἂν μεγάλα διώκων
τὰ παρόντ' οὐχὶ φέροι. μαι-
νομένων οἵδε τρόποι καὶ 400
κακοβούλων παρ' ἔμοι-
γε φωτῶν. 401b
ἱκοίμαν ποτὶ Κύπρον,
νᾶσον τᾶς Ἀφροδίτας,
ἵν' οἱ θελξίφρονες νέμον-
ται θνατοῖσιν Ἔρωτες, 405
Πάφον θ' ἃν ἑκατόστομοι
βαρβάρου ποταμοῦ ῥοαὶ
καρπίζουσιν ἄνομβροι.
οὗ δ' ἁ καλλιστευομένα
Πιερία μούσειος ἕδρα, 410
σεμνὰ κλιτὺς Ὀλύμπου,
ἐκεῖσ' ἄγε με, Βρόμιε Βρόμιε,
πρόβακχ' εὔιε δαῖμον.
ἐκεῖ Χάριτες,

ἐκεῖ δὲ Πόθος· ἐκεῖ δὲ βάκ- 415
χαις θέμις ὀργιάζειν.
ὁ δαίμων ὁ Διὸς παῖς
χαίρει μὲν θαλίαισιν,
φιλεῖ δ' ὀλβοδότειραν Εἰ-
ρήναν, κουροτρόφον θεάν. 420
ἴσαν δ' ἔς τε τὸν ὄλβιον
τόν τε χείρονα δῶκ' ἔχειν
οἴνου τέρψιν ἄλυπον·
μισεῖ δ' ᾧ μὴ ταῦτα μέλει,
κατὰ φάος νύκτας τε φίλας 425
εὐαίωνα διαζῆν,
σοφὰν δ' ἀπέχειν πραπίδα φρένα τε
περισσῶν παρὰ φωτῶν·
τὸ πλῆθος ὅ τι 430
τὸ φαυλότερον ἐνόμισε χρῆ-
ταί τε, τόδ' ἂν δεχοίμαν.

ΘΕΡΆΠΩΝ
Πενθεῦ, πάρεσμεν τήνδ' ἄγραν ἠγρευκότες
ἐφ' ἣν ἔπεμψας, οὐδ' ἄκρανθ' ὡρμήσαμεν. 435
ὁ θὴρ δ' ὅδ' ἡμῖν πρᾶος οὐδ' ὑπέσπασεν
φυγῇ πόδ', ἀλλ' ἔδωκεν οὐκ ἄκων χέρας
οὐδ' ὠχρός, οὐδ' ἤλλαξεν οἰνωπὸν γένυν,
γελῶν δὲ καὶ δεῖν κἀπάγειν ἐφίετο
ἔμενέ τε, τοὐμὸν εὐτρεπὲς ποιούμενος. 440
κἀγὼ δι' αἰδοῦς εἶπον· Ὦ ξέν', οὐχ ἑκὼν
ἄγω σε, Πενθέως δ' ὅς μ' ἔπεμψ' ἐπιστολαῖς.
ἃς δ' αὖ σὺ βάκχας εἶρξας, ἃς συνήρπασας
κἄδησας ἐν δεσμοῖσι πανδήμου στέγης,
φροῦδαί γ' ἐκεῖναι λελυμέναι πρὸς ὀργάδας 445
σκιρτῶσι Βρόμιον ἀνακαλούμεναι θεόν·
αὐτόματα δ' αὐταῖς δεσμὰ διελύθη ποδῶν

κλῇδές τ' ἀνῆκαν θύρετρ' ἄνευ θνητῆς χερός.
πολλῶν δ' ὅδ' ἀνὴρ θαυμάτων ἥκει πλέως
ἐς τάσδε Θήβας. σοὶ δὲ τἄλλα χρὴ μέλειν. 450
ΠΕΝΘΕΎΣ
μέθεσθε χειρῶν τοῦδ'· ἐν ἄρκυσιν γὰρ ὢν
οὐκ ἔστιν οὕτως ὠκὺς ὥστε μ' ἐκφυγεῖν.
ἀτὰρ τὸ μὲν σῶμ' οὐκ ἄμορφος εἶ, ξένε,
ὡς ἐς γυναῖκας, ἐφ' ὅπερ ἐς Θήβας πάρει·
πλόκαμός τε γάρ σου ταναός, οὐ πάλης ὕπο, 455
γένυν παρ' αὐτὴν κεχυμένος, πόθου πλέως·
λευκὴν δὲ χροιὰν ἐκ παρασκευῆς ἔχεις,
οὐχ ἡλίου βολαῖσιν, ἀλλ' ὑπὸ σκιᾶς,
τὴν Ἀφροδίτην καλλονῇ θηρώμενος.
πρῶτον μὲν οὖν μοι λέξον ὅστις εἶ γένος. 460
ΔΙΌΝΥΣΟΣ
οὐ κόμπος οὐδείς· ῥᾴδιον δ' εἰπεῖν τόδε.
τὸν ἀνθεμώδη Τμῶλον οἶσθά που κλύων.
ΠΕΝΘΕΎΣ
οἶδ', ὃς τὸ Σάρδεων ἄστυ περιβάλλει κύκλῳ.
ΔΙΌΝΥΣΟΣ
ἐντεῦθέν εἰμι, Λυδία δέ μοι πατρίς.
ΠΕΝΘΕΎΣ
πόθεν δὲ τελετὰς τάσδ' ἄγεις ἐς Ἑλλάδα; 465
ΔΙΌΝΥΣΟΣ
Διόνυσος ἡμᾶς εἰσέβησ', ὁ τοῦ Διός.
ΠΕΝΘΕΎΣ
Ζεὺς δ' ἔστ' ἐκεῖ τις, ὃς νέους τίκτει θεούς;
ΔΙΌΝΥΣΟΣ
οὔκ, ἀλλ' ὁ Σεμέλην ἐνθάδε ζεύξας γάμοις.
ΠΕΝΘΕΎΣ
πότερα δὲ νύκτωρ σ' ἢ κατ' ὄμμ' ἠνάγκασεν;

ΔΙΌΝΥΣΟΣ
ὁρῶν ὁρῶντα, καὶ δίδωσιν ὄργια. 470
ΠΕΝΘΕΎΣ
τὰ δ' ὄργι' ἐστὶ τίν' ἰδέαν ἔχοντά σοι;
ΔΙΌΝΥΣΟΣ
ἄρρητ' ἀβακχεύτοισιν εἰδέναι βροτῶν.
ΠΕΝΘΕΎΣ
ἔχει δ' ὄνησιν τοῖσι θύουσιν τίνα;
ΔΙΌΝΥΣΟΣ
οὐ θέμις ἀκοῦσαί σ', ἔστι δ' ἄξι' εἰδέναι.
ΠΕΝΘΕΎΣ
εὖ τοῦτ' ἐκιβδήλευσας, ἵν' ἀκοῦσαι θέλω. 475
ΔΙΌΝΥΣΟΣ
ἀσέβειαν ἀσκοῦντ' ὄργι' ἐχθαίρει θεοῦ.
ΠΕΝΘΕΎΣ
τὸν θεὸν ὁρᾶν γὰρ φῂς σαφῶς, ποῖός τις ἦν;
ΔΙΌΝΥΣΟΣ
ὁποῖος ἤθελ'· οὐκ ἐγὼ 'τασσον τόδε.
ΠΕΝΘΕΎΣ
τοῦτ' αὖ παρωχέτευσας εὖ κοὐδὲν λέγων.
ΔΙΌΝΥΣΟΣ
δόξει τις ἀμαθεῖ σοφὰ λέγων οὐκ εὖ φρονεῖν. 480
ΠΕΝΘΕΎΣ
ἦλθες δὲ πρῶτα δεῦρ' ἄγων τὸν δαίμονα;
ΔΙΌΝΥΣΟΣ
πᾶς ἀναχορεύει βαρβάρων τάδ' ὄργια.
ΠΕΝΘΕΎΣ
φρονοῦσι γὰρ κάκιον Ἑλλήνων πολύ.
ΔΙΌΝΥΣΟΣ
τάδ' εὖ γε μᾶλλον· οἱ νόμοι δὲ διάφοροι.
ΠΕΝΘΕΎΣ
τὰ δ' ἱερὰ νύκτωρ ἢ μεθ' ἡμέραν τελεῖς; 485

ΔΙΌΝΥΣΟΣ
νύκτωρ τὰ πολλά· σεμνότητ' ἔχει σκότος.
ΠΕΝΘΕΎΣ
τοῦτ' ἐς γυναῖκας δόλιόν ἐστι καὶ σαθρόν.
ΔΙΌΝΥΣΟΣ
κἀν ἡμέρᾳ τό γ' αἰσχρὸν ἐξεύροι τις ἄν.
ΠΕΝΘΕΎΣ
δίκην σε δοῦναι δεῖ σοφισμάτων κακῶν.
ΔΙΌΝΥΣΟΣ
σὲ δ' ἀμαθίας γε κἀσεβοῦντ' ἐς τὸν θεόν. 490
ΠΕΝΘΕΎΣ
ὡς θρασὺς ὁ βάκχος κοὐκ ἀγύμναστος λόγων.
ΔΙΌΝΥΣΟΣ
εἴφ' ὅ τι παθεῖν δεῖ· τί με τὸ δεινὸν ἐργάσῃ;
ΠΕΝΘΕΎΣ
πρῶτον μὲν ἁβρὸν βόστρυχον τεμῶ σέθεν.
ΔΙΌΝΥΣΟΣ
ἱερὸς ὁ πλόκαμος· τῷ θεῷ δ' αὐτὸν τρέφω.
ΠΕΝΘΕΎΣ
ἔπειτα θύρσον τόνδε παράδος ἐκ χεροῖν. 495
ΔΙΌΝΥΣΟΣ
αὐτός μ' ἀφαιροῦ· τόνδε Διονύσου φορῶ.
ΠΕΝΘΕΎΣ
εἱρκταῖσί τ' ἔνδον σῶμα σὸν φυλάξομεν.
ΔΙΌΝΥΣΟΣ
λύσει μ' ὁ δαίμων αὐτός, ὅταν ἐγὼ θέλω.
ΠΕΝΘΕΎΣ
ὅταν γε καλέσῃς αὐτὸν ἐν βάκχαις σταθείς.
ΔΙΌΝΥΣΟΣ
καὶ νῦν ἃ πάσχω πλησίον παρὼν ὁρᾷ. 500
ΠΕΝΘΕΎΣ
καὶ ποῦ 'στιν; οὐ γὰρ φανερὸς ὄμμασίν γ' ἐμοῖς.

ΔΙΌΝΥΣΟΣ
παρ' ἐμοί· σὺ δ' ἀσεβὴς αὐτὸς ὢν οὐκ εἰσορᾷς.
ΠΕΝΘΕΎΣ
λάζυσθε· καταφρονεῖ με καὶ Θήβας ὅδε.
ΔΙΌΝΥΣΟΣ
αὐδῶ με μὴ δεῖν σωφρονῶν οὐ σώφροσιν.
ΠΕΝΘΕΎΣ
ἐγὼ δὲ δεῖν γε, κυριώτερος σέθεν. 505
ΔΙΌΝΥΣΟΣ
οὐκ οἶσθ' ὅ τι ζῇς, οὐδ' ὃ δρᾷς, οὐδ' ὅστις εἶ.
ΠΕΝΘΕΎΣ
Πενθεύς, Ἀγαύης παῖς, πατρὸς δ' Ἐχίονος.
ΔΙΌΝΥΣΟΣ
ἐνδυστυχῆσαι τοὔνομ' ἐπιτήδειος εἶ.
ΠΕΝΘΕΎΣ
χώρει· καθείρξατ' αὐτὸν ἱππικαῖς πέλας
φάτναισιν, ὡς ἂν σκότιον εἰσορᾷ κνέφας. 510
ἐκεῖ χόρευε· τάσδε δ' ἃς ἄγων πάρει
κακῶν συνεργοὺς ἢ διεμπολήσομεν
ἢ χεῖρα δούπου τοῦδε καὶ βύρσης κτύπου
παύσας, ἐφ' ἱστοῖς δμωίδας κεκτήσομαι.
ΔΙΌΝΥΣΟΣ
στείχοιμ' ἄν· ὅ τι γὰρ μὴ χρεών, οὔτοι χρεὼν 515
παθεῖν. ἀτάρ τοι τῶνδ' ἄποιν' ὑβρισμάτων
μέτεισι Διόνυσός σ', ὃν οὐκ εἶναι λέγεις·
ἡμᾶς γὰρ ἀδικῶν κεῖνον εἰς δεσμοὺς ἄγεις.
ΧΟΡΌΣ
*

Ἀχελῴου θύγατερ,
πότνι' εὐπάρθενε Δίρκα, 520
σὺ γὰρ ἐν σαῖς ποτε παγαῖς
τὸ Διὸς βρέφος ἔλαβες,

ὅτε μηρῷ πυρὸς ἐξ ἀ-
θανάτου Ζεὺς ὁ τεκὼν ἥρ-
πασέ νιν, τάδ' ἀναβοάσας· 525
"Ἴθι, Διθύραμβ', ἐμὰν ἄρ-
σενα τάνδε βᾶθι νηδύν·
ἀναφαίνω σε τόδ', ὦ Βάκ-
χιε, Θήβαις ὀνομάζειν.
σὺ δέ μ', ὦ μάκαιρα Δίρκα, 530
στεφανηφόρους ἀπωθῇ
θιάσους ἔχουσαν ἐν σοί.
τί μ' ἀναίνῃ; τί με φεύγεις;
ἔτι ναὶ τὰν βοτρυώδη
Διονύσου χάριν οἴνας, 535
ἔτι σοι τοῦ Βρομίου μελήσει.
οἵαν οἵαν ὀργὰν
ἀναφαίνει χθόνιον
γένος ἐκφύς τε δράκοντός
ποτε Πενθεύς, ὃν Ἐχίων 540
ἐφύτευσε χθόνιος,
ἀγριωπὸν τέρας, οὐ φῶ-
τα βρότειον, φόνιον δ' ὥσ-
τε γίγαντ' ἀντίπαλον θεοῖς·
ὃς ἄμ' ἐν βρόχοισι τὰν τοῦ 545
Βρομίου τάχα ξυνάψει,
τὸν ἐμὸν δ' ἐντὸς ἔχει δώ-
ματος ἤδη θιασώταν
σκοτίαις κρυπτὸν ἐν εἱρκταῖς.
ἐσορᾷς τάδ', ὦ Διὸς παῖ 550
Διόνυσε, σοὺς προφάτας
ἐν ἀμίλλαισιν ἀνάγκας;
μόλε, χρυσῶπα τινάσσων,
ἄνα, θύρσον κατ' Ὄλυμπον,

φονίου δ' ἀνδρὸς ὕβριν κατάσχες. 555
πόθι Νύσας ἄρα τᾶς θη-
ροτρόφου θυρσοφορεῖς
θιάσους, ὦ Διόνυσ', ἢ
κορυφαῖς Κωρυκίαις;
τάχα δ' ἐν ταῖς πολυδένδρεσ- 560
σιν Ὀλύμπου θαλάμαις, ἔν-
θα ποτ' Ὀρφεὺς κιθαρίζων
σύναγεν δένδρεα μούσαις,
σύναγεν θῆρας ἀγρώτας.
μάκαρ ὦ Πιερία, 565
σέβεταί σ' Εὔιος, ἥξει
τε χορεύσων ἅμα βακχεύ-
μασι, τόν τ' ὠκυρόαν
διαβὰς Ἀξιὸν εἰλισ-
σομένας Μαινάδας ἄξει, 570
Λυδίαν πατέρα τε, τὸν
τᾶς εὐδαιμονίας βροτοῖς
ὀλβοδόταν, τὸν ἔκλυον
εὔιππον χώραν ὕδασιν
καλλίστοισι λιπαίνειν. 575

ΔΙΌΝΥΣΟΣ
ἰώ,
κλύετ' ἐμᾶς κλύετ' αὐδᾶς,
ἰὼ βάκχαι, ἰὼ βάκχαι.

ΧΟΡΌΣ
τίς ὅδε, τίς <ὅδε> πόθεν ὁ κέλαδος
ἀνά μ' ἐκάλεσεν Εὐίου;

ΔΙΌΝΥΣΟΣ
ἰὼ ἰώ, πάλιν αὐδῶ, 580
ὁ Σεμέλας, ὁ Διὸς παῖς.

ΧΟΡΌΣ
ἰὼ ἰὼ δέσποτα δέσποτα,
μόλε νυν ἡμέτερον ἐς
θίασον, ὦ Βρόμιε Βρόμιε.
ΔΙΌΝΥΣΟΣ
<σεῖε> πέδον χθονὸς Ἔννοσι πότνια. 585
ΧΟΡΌΣ
ἆ ἆ,
τάχα τὰ Πενθέως μέλαθρα διατι-
νάξεται πεσήμασιν.
--ὁ Διόνυσος ἀνὰ μέλαθρα·
σέβετέ νιν. 590
--σέβομεν ὤ.
--εἴδετε λάινα κίοσιν ἔμβολα
διάδρομα τάδε; Βρόμιος <ὅδ᾽> ἀλα-
λάζεται στέγας ἔσω.
ΔΙΌΝΥΣΟΣ
ἅπτε κεραύνιον αἴθοπα λαμπάδα·
σύμφλεγε σύμφλεγε δώματα Πενθέος. 595
ΧΟΡΌΣ
ἆ ἆ,
πῦρ οὐ λεύσσεις, οὐδ᾽ αὐγάζῃ,
Σεμέλας ἱερὸν ἀμφὶ τάφον, ἄν
ποτε κεραυνόβολος ἔλιπε φλόγα
Δίου βροντᾶς;
δίκετε πεδόσε τρομερὰ σώματα 600
δίκετε, Μαινάδες· ὁ γὰρ ἄναξ
ἄνω κάτω τιθεὶς ἔπεισι
μέλαθρα τάδε Διὸς γόνος.
ΔΙΌΝΥΣΟΣ
βάρβαροι γυναῖκες, οὕτως ἐκπεπληγμέναι φόβῳ
πρὸς πέδῳ πεπτώκατ᾽; ᾔσθησθ᾽, ὡς ἔοικε, Βακχίου 605

διατινάξαντος 'δῶμα Πενθέως· ἀλλ' ἐξανίστατε'
σῶμα καὶ θαρσεῖτε σαρκὸς ἐξαμείψασαι τρόμον.
ΧΟΡΌΣ
ὦ φάος μέγιστον ἡμῖν εὐίου βακχεύματος,
ὡς ἐσεῖδον ἀσμένη σε, μονάδ' ἔχουσ' ἐρημίαν.
ΔΙΌΝΥΣΟΣ
εἰς ἀθυμίαν ἀφίκεσθ', ἡνίκ' εἰσεπεμπόμην, 610
Πενθέως ὡς ἐς σκοτεινὰς ὀρκάνας πεσούμενος;
ΧΟΡΌΣ
πῶς γὰρ οὔ; τίς μοι φύλαξ ἦν, εἰ σὺ συμφορᾶς τύχοις;
ἀλλὰ πῶς ἠλευθερώθης ἀνδρὸς ἀνοσίου τυχών;
ΔΙΌΝΥΣΟΣ
αὐτὸς ἐξέσωσ' ἐμαυτὸν ῥᾳδίως ἄνευ πόνου.
ΧΟΡΌΣ
οὐδέ σου συνῆψε χεῖρε δεσμίοισιν ἐν βρόχοις; 615
ΔΙΌΝΥΣΟΣ
ταῦτα καὶ καθύβρισ' αὐτόν, ὅτι με δεσμεύειν δοκῶν
οὔτ' ἔθιγεν οὔθ' ἥψαθ' ἡμῶν, ἐλπίσιν δ' ἐβόσκετο.
πρὸς φάτναις δὲ ταῦρον εὑρών, οὗ καθεῖρξ' ἡμᾶς ἄγων,
τῷδε περὶ βρόχους ἔβαλλε γόνασι καὶ χηλαῖς ποδῶν,
θυμὸν ἐκπνέων, ἱδρῶτα σώματος στάζων ἄπο, 620
χείλεσιν διδοὺς ὀδόντας· πλησίον δ' ἐγὼ παρὼν
ἥσυχος θάσσων ἔλευσσον. ἐν δὲ τῷδε τῷ χρόνῳ
ἀνετίναξ' ἐλθὼν ὁ Βάκχος δῶμα καὶ μητρὸς τάφῳ
πῦρ ἀνῆψ'· ὃ δ' ὡς ἐσεῖδε, δώματ' αἴθεσθαι δοκῶν,
ᾖσσ' ἐκεῖσε κᾆτ' ἐκεῖσε, δμωσὶν Ἀχελῷον φέρειν 625
ἐννέπων, ἅπας δ' ἐν ἔργῳ δοῦλος ἦν, μάτην πονῶν.
διαμεθεὶς δὲ τόνδε μόχθον, ὡς ἐμοῦ πεφευγότος,
ἵεται ξίφος κελαινὸν ἁρπάσας δόμων ἔσω.
κᾆθ' ὁ Βρόμιος, ὡς ἔμοιγε φαίνεται, δόξαν λέγω,
φάσμ' ἐποίησεν κατ' αὐλήν· ὃ δ' ἐπὶ τοῦθ' ὡρμημένος 630
ᾖσσε κἀκέντει φαεννὸν <αἰθέρ'>, ὡς σφάζων ἐμέ.

πρὸς δὲ τοῖσδ' αὐτῷ τάδ' ἄλλα Βάκχιος λυμαίνεται·
δώματ' ἔρρηξεν χαμᾶζε· συντεθράνωται δ' ἅπαν
πικροτάτους ἰδόντι δεσμοὺς τοὺς ἐμούς· κόπου δ' ὕπο
διαμεθεὶς ξίφος παρεῖται· πρὸς θεὸν γὰρ ὢν ἀνὴρ 635
ἐς μάχην ἐλθεῖν ἐτόλμησε. ἥσυχος δ' ἐκβὰς ἐγὼ
δωμάτων ἥκω πρὸς ὑμᾶς, Πενθέως οὐ φροντίσας.
ὡς δέ μοι δοκεῖ--ψοφεῖ γοῦν ἀρβύλη δόμων ἔσω--
ἐς προνώπι' αὐτίχ' ἥξει. τί ποτ' ἄρ' ἐκ τούτων ἐρεῖ;
ῥᾳδίως γὰρ αὐτὸν οἴσω, κἂν πνέων ἔλθῃ μέγα. 640
πρὸς σοφοῦ γὰρ ἀνδρὸς ἀσκεῖν σώφρον' εὐοργησίαν.

ΠΕΝΘΕΎΣ
πέπονθα δεινά· διαπέφευγέ μ' ὁ ξένος,
ὃς ἄρτι δεσμοῖς ἦν κατηναγκασμένος.
ἔα ἔα·
ὅδ' ἐστὶν ἀνήρ· τί τάδε; πῶς προνώπιος 645
φαίνῃ πρὸς οἴκοις τοῖς ἐμοῖς, ἔξω βεβώς;

ΔΙΌΝΥΣΟΣ
στῆσον πόδ', ὀργῇ δ' ὑπόθες ἥσυχον πόδα.

ΠΕΝΘΕΎΣ
πόθεν σὺ δεσμὰ διαφυγὼν ἔξω περᾷς;

ΔΙΌΝΥΣΟΣ
οὐκ εἶπον--ἢ οὐκ ἤκουσας--ὅτι λύσει μέ τις;

ΠΕΝΘΕΎΣ
τίς; τοὺς λόγους γὰρ ἐσφέρεις καινοὺς ἀεί. 650

ΔΙΌΝΥΣΟΣ
ὃς τὴν πολύβοτρυν ἄμπελον φύει βροτοῖς.

ΠΕΝΘΕΎΣ
*

ΔΙΌΝΥΣΟΣ
ὠνείδισας δὴ τοῦτο Διονύσῳ καλόν.

ΠΕΝΘΕΎΣ
κλῄειν κελεύω πάντα πύργον ἐν κύκλῳ.

ΔΙΌΝΥΣΟΣ
τί δ'; οὐχ ὑπερβαίνουσι καὶ τείχη θεοί;
ΠΕΝΘΕΎΣ
σοφὸς σοφὸς σύ, πλὴν ἃ δεῖ σ' εἶναι σοφόν. 655
ΔΙΌΝΥΣΟΣ
ἃ δεῖ μάλιστα, ταῦτ' ἔγωγ' ἔφυν σοφός.
κείνου δ' ἀκούσας πρῶτα τοὺς λόγους μάθε,
ὃς ἐξ ὄρους πάρεστιν ἀγγελῶν τί σοι·
ἡμεῖς δέ σοι μενοῦμεν, οὐ φευξούμεθα.
ἌΓΓΕΛΟΣ
Πενθεῦ κρατύνων τῆσδε Θηβαίας χθονός, 660
ἥκω Κιθαιρῶν' ἐκλιπών, ἵν' οὔποτε
λευκῆς χιόνος ἀνεῖσαν εὐαγεῖς βολαί.
ΠΕΝΘΕΎΣ
ἥκεις δὲ ποίαν προστιθεὶς σπουδὴν λόγου;
ἌΓΓΕΛΟΣ
βάκχας ποτνιάδας εἰσιδών, αἳ τῆσδε γῆς
οἴστροισι λευκὸν κῶλον ἐξηκόντισαν, 665
ἥκω φράσαι σοὶ καὶ πόλει χρῄζων, ἄναξ,
ὡς δεινὰ δρῶσι θαυμάτων τε κρείσσονα.
θέλω δ' ἀκοῦσαι, πότερά σοι παρρησίᾳ
φράσω τὰ κεῖθεν ἢ λόγον στειλώμεθα·
τὸ γὰρ τάχος σου τῶν φρενῶν δέδοικ', ἄναξ, 670
καὶ τοὐξύθυμον καὶ τὸ βασιλικὸν λίαν.
ΠΕΝΘΕΎΣ
λέγ', ὡς ἀθῷος ἐξ ἐμοῦ πάντως ἔσῃ.
τοῖς γὰρ δικαίοις οὐχὶ θυμοῦσθαι χρεών.
ὅσῳ δ' ἂν εἴπῃς δεινότερα βακχῶν πέρι,
τοσῷδε μᾶλλον τὸν ὑποθέντα τὰς τέχνας 675
γυναιξὶ τόνδε τῇ δίκῃ προσθήσομεν.
ἌΓΓΕΛΟΣ
ἀγελαῖα μὲν βοσκήματ' ἄρτι πρὸς λέπας

μόσχων ὑπεξήκριζον, ἡνίχ' ἥλιος
ἀκτῖνας ἐξίησι θερμαίνων χθόνα.
ὁρῶ δὲ θιάσους τρεῖς γυναικείων χορῶν, 680
ὧν ἦρχ' ἑνὸς μὲν Αὐτονόη, τοῦ δευτέρου
μήτηρ Ἀγαύη σή, τρίτου δ' Ἰνὼ χοροῦ.
ηὗδον δὲ πᾶσαι σώμασιν παρειμέναι,
αἳ μὲν πρὸς ἐλάτης νῶτ' ἐρείσασαι φόβην,
αἳ δ' ἐν δρυὸς φύλλοισι πρὸς πέδῳ κάρα 685
εἰκῇ βαλοῦσαι σωφρόνως, οὐχ ὡς σὺ φῇς
ᾠνωμένας κρατῆρι καὶ λωτοῦ ψόφῳ
θηρᾶν καθ' ὕλην Κύπριν ἠρημωμένας.
ἡ σὴ δὲ μήτηρ ὠλόλυξεν ἐν μέσαις
σταθεῖσα βάκχαις, ἐξ ὕπνου κινεῖν δέμας, 690
μυκήμαθ' ὡς ἤκουσε κεροφόρων βοῶν.
αἳ δ' ἀποβαλοῦσαι θαλερὸν ὀμμάτων ὕπνον
ἀνῇξαν ὀρθαί, θαῦμ' ἰδεῖν εὐκοσμίας,
νέαι παλαιαὶ παρθένοι τ' ἔτ' ἄζυγες.
καὶ πρῶτα μὲν καθεῖσαν εἰς ὤμους κόμας 695
νεβρίδας τ' ἀνεστείλανθ' ὅσαισιν ἀμμάτων
σύνδεσμ' ἐλέλυτο, καὶ καταστίκτους δορὰς
ὄφεσι κατεζώσαντο λιχμῶσιν γένυν.
αἳ δ' ἀγκάλαισι δορκάδ' ἢ σκύμνους λύκων
ἀγρίους ἔχουσαι λευκὸν ἐδίδοσαν γάλα, 700
ὅσαις νεοτόκοις μαστὸς ἦν σπαργῶν ἔτι
βρέφη λιπούσαις· ἐπὶ δ' ἔθεντο κισσίνους
στεφάνους δρυός τε μίλακός τ' ἀνθεσφόρου.
θύρσον δέ τις λαβοῦσ' ἔπαισεν ἐς πέτραν,
ὅθεν δροσώδης ὕδατος ἐκπηδᾷ νοτίς· 705
ἄλλη δὲ νάρθηκ' ἐς πέδον καθῆκε γῆς,
καὶ τῇδε κρήνην ἐξανῆκ' οἴνου θεός·
ὅσαις δὲ λευκοῦ πώματος πόθος παρῆν,
ἄκροισι δακτύλοισι διαμῶσαι χθόνα

γάλακτος ἐσμοὺς εἶχον· ἐκ δὲ κισσίνων 710
θύρσων γλυκεῖαι μέλιτος ἔσταζον ῥοαί.
ὥστ', εἰ παρῆσθα, τὸν θεὸν τὸν νῦν ψέγεις
εὐχαῖσιν ἂν μετῆλθες εἰσιδὼν τάδε.
ξυνήλθομεν δὲ βουκόλοι καὶ ποιμένες,
κοινῶν λόγων δώσοντες ἀλλήλοις ἔριν 715
ὡς δεινὰ δρῶσι θαυμάτων τ' ἐπάξια·
καί τις πλάνης κατ' ἄστυ καὶ τρίβων λόγων
ἔλεξεν εἰς ἅπαντας· Ὦ σεμνὰς πλάκας
ναίοντες ὀρέων, θέλετε θηρασώμεθα
Πενθέως Ἀγαύην μητέρ' ἐκ βακχευμάτων 720
χάριν τ' ἄνακτι θώμεθα; εὖ δ' ἡμῖν λέγειν
ἔδοξε, θάμνων δ' ἐλλοχίζομεν φόβαις
κρύψαντες αὑτούς· αἳ δὲ τὴν τεταγμένην
ὥραν ἐκίνουν θύρσον ἐς βακχεύματα,
Ἴακχον ἀθρόῳ στόματι τὸν Διὸς γόνον 725
Βρόμιον καλοῦσαι· πᾶν δὲ συνεβάκχευ' ὄρος
καὶ θῆρες, οὐδὲν δ' ἦν ἀκίνητον δρόμῳ.

ΆΓΓΕΛΟΣ
κυρεῖ δ' Ἀγαύη πλησίον θρῴσκουσά μου·
κἀγὼ 'ξεπήδησ' ὡς συναρπάσαι θέλων,
λόχμην κενώσας ἔνθ' ἐκρυπτόμην δέμας. 730
ἣ δ' ἀνεβόησεν· Ὦ δρομάδες ἐμαὶ κύνες,
θηρώμεθ' ἀνδρῶν τῶνδ' ὕπ'· ἀλλ' ἕπεσθέ μοι,
ἕπεσθε θύρσοις διὰ χερῶν ὡπλισμέναι.
ἡμεῖς μὲν οὖν φεύγοντες ἐξηλύξαμεν
βακχῶν σπαραγμόν, αἳ δὲ νεμομέναις χλόην 735
μόσχοις ἐπῆλθον χειρὸς ἀσιδήρου μέτα.
καὶ τὴν μὲν ἂν προσεῖδες εὔθηλον πόριν
μυκωμένην ἔχουσαν ἐν χεροῖν δίχα,
ἄλλαι δὲ δαμάλας διεφόρουν σπαράγμασιν.
εἶδες δ' ἂν ἢ πλεύρ' ἢ δίχηλον ἔμβασιν 740

ῥιπτόμεν᾽ ἄνω τε καὶ κάτω· κρεμαστὰ δὲ
ἔσταζ᾽ ὑπ᾽ ἐλάταις ἀναπεφυρμέν᾽ αἵματι.
ταῦροι δ᾽ ὑβρισταὶ κἀς κέρας θυμούμενοι
τὸ πρόσθεν ἐσφάλλοντο πρὸς γαῖαν δέμας,
μυριάσι χειρῶν ἀγόμενοι νεανίδων. 745
θᾶσσον δὲ διεφοροῦντο σαρκὸς ἐνδυτὰ
ἢ σὲ ξυνάψαι βλέφαρα βασιλείοις κόραις.
χωροῦσι δ᾽ ὥστ᾽ ὄρνιθες ἀρθεῖσαι δρόμῳ
πεδίων ὑποτάσεις, αἳ παρ᾽ Ἀσωποῦ ῥοαῖς
εὔκαρπον ἐκβάλλουσι Θηβαίων στάχυν· 750
Ὑσιάς τ᾽ Ἐρυθράς θ᾽, αἳ Κιθαιρῶνος λέπας
νέρθεν κατῳκήκασιν, ὥστε πολέμιοι,
ἐπεσπεσοῦσαι πάντ᾽ ἄνω τε καὶ κάτω
διέφερον· ἥρπαζον μὲν ἐκ δόμων τέκνα·
ὁπόσα δ᾽ ἐπ᾽ ὤμοις ἔθεσαν, οὐ δεσμῶν ὕπο 755
προσείχετ᾽ οὐδ᾽ ἔπιπτεν ἐς μέλαν πέδον,
οὐ χαλκός, οὐ σίδηρος· ἐπὶ δὲ βοστρύχοις
πῦρ ἔφερον, οὐδ᾽ ἔκαιεν. οἳ δ᾽ ὀργῆς ὕπο
ἐς ὅπλ᾽ ἐχώρουν φερόμενοι βακχῶν ὕπο·
οὗπερ τὸ δεινὸν ἦν θέαμ᾽ ἰδεῖν, ἄναξ. 760
τοῖς μὲν γὰρ οὐχ ἥμασσε λογχωτὸν βέλος,
κεῖναι δὲ θύρσους ἐξανιεῖσαι χερῶν
ἐτραυμάτιζον κἀπενώτιζον φυγῇ
γυναῖκες ἄνδρας, οὐκ ἄνευ θεῶν τινος.
πάλιν δ᾽ ἐχώρουν ὅθεν ἐκίνησαν πόδα, 765
κρήνας ἐπ᾽ αὐτὰς ἃς ἀνῆκ᾽ αὐταῖς θεός.
νίψαντο δ᾽ αἷμα, σταγόνα δ᾽ ἐκ παρηίδων
γλώσσῃ δράκοντες ἐξεφαίδρυνον χροός.
τὸν δαίμον᾽ οὖν τόνδ᾽ ὅστις ἔστ᾽, ὦ δέσποτα,
δέχου πόλει τῇδ᾽· ὡς τά τ᾽ ἄλλ᾽ ἐστὶν μέγας, 770
κἀκεῖνό φασιν αὐτόν, ὡς ἐγὼ κλύω,
τὴν παυσίλυπον ἄμπελον δοῦναι βροτοῖς.

οἴνου δὲ μηκέτ' ὄντος οὐκ ἔστιν Κύπρις
οὐδ' ἄλλο τερπνὸν οὐδὲν ἀνθρώποις ἔτι.
ΧΟΡΌΣ
ταρβῶ μὲν εἰπεῖν τοὺς λόγους ἐλευθέρους 775
πρὸς τὸν τύραννον, ἀλλ' ὅμως εἰρήσεται·
Διόνυσος ἥσσων οὐδενὸς θεῶν ἔφυ.
ΠΕΝΘΕΎΣ
ἤδη τόδ' ἐγγὺς ὥστε πῦρ ὑφάπτεται
ὕβρισμα βακχῶν, ψόγος ἐς Ἕλληνας μέγα.
ἀλλ' οὐκ ὀκνεῖν δεῖ· στεῖχ' ἐπ' Ἠλέκτρας ἰὼν 780
πύλας· κέλευε πάντας ἀσπιδηφόρους
ἵππων τ' ἀπαντᾶν ταχυπόδων ἐπεμβάτας
πέλτας θ' ὅσοι πάλλουσι καὶ τόξων χερὶ
ψάλλουσι νευράς, ὡς ἐπιστρατεύσομεν
βάκχαισιν· οὐ γὰρ ἀλλ' ὑπερβάλλει τάδε, 785
εἰ πρὸς γυναικῶν πεισόμεσθ' ἃ πάσχομεν.
ΔΙΌΝΥΣΟΣ
πείθῃ μὲν οὐδέν, τῶν ἐμῶν λόγων κλύων,
Πενθεῦ· κακῶς δὲ πρὸς σέθεν πάσχων ὅμως
οὔ φημι χρῆναί σ' ὅπλ' ἐπαίρεσθαι θεῷ,
ἀλλ' ἡσυχάζειν· Βρόμιος οὐκ ἀνέξεται 790
κινοῦντα βάκχας <σ'> εὐίων ὀρῶν ἄπο.
ΠΕΝΘΕΎΣ
οὐ μὴ φρενώσεις μ', ἀλλὰ δέσμιος φυγὼν
σώσῃ τόδ'; ἢ σοὶ πάλιν ἀναστρέψω δίκην;
ΔΙΌΝΥΣΟΣ
θύοιμ' ἂν αὐτῷ μᾶλλον ἢ θυμούμενος
πρὸς κέντρα λακτίζοιμι θνητὸς ὢν θεῷ. 795
ΠΕΝΘΕΎΣ
θύσω, φόνον γε θῆλυν, ὥσπερ ἄξιαι,
πολὺν ταράξας ἐν Κιθαιρῶνος πτυχαῖς.

ΔΙΌΝΥΣΟΣ
φεύξεσθε πάντες· καὶ τόδ' αἰσχρόν, ἀσπίδας
θύρσοισι βακχῶν ἐκτρέπειν χαλκηλάτους
ΠΕΝΘΕΎΣ
ἀπόρῳ γε τῷδε συμπεπλέγμεθα ξένῳ, 800
ὃς οὔτε πάσχων οὔτε δρῶν σιγήσεται.
ΔΙΌΝΥΣΟΣ
ὦ τᾶν, ἔτ' ἔστιν εὖ καταστῆσαι τάδε.
ΠΕΝΘΕΎΣ
τί δρῶντα; δουλεύοντα δουλείαις ἐμαῖς;
ΔΙΌΝΥΣΟΣ
ἐγὼ γυναῖκας δεῦρ' ὅπλων ἄξω δίχα.
ΠΕΝΘΕΎΣ
οἴμοι· τόδ' ἤδη δόλιον ἔς με μηχανᾷ. 805
ΔΙΌΝΥΣΟΣ
ποῖόν τι, σῷσαί σ' εἰ θέλω τέχναις ἐμαῖς;
ΠΕΝΘΕΎΣ
ξυνέθεσθε κοινῇ τάδ', ἵνα βακχεύητ' ἀεί.
ΔΙΌΝΥΣΟΣ
καὶ μὴν ξυνεθέμην--τοῦτό γ' ἔστι--τῷ θεῷ.
ΠΕΝΘΕΎΣ
ἐκφέρετέ μοι δεῦρ' ὅπλα, σὺ δὲ παῦσαι λέγων.
ΔΙΌΝΥΣΟΣ
ἆ. 810
βούλῃ σφ' ἐν ὄρεσι συγκαθημένας ἰδεῖν;
ΠΕΝΘΕΎΣ
μάλιστα, μυρίον γε δοὺς χρυσοῦ σταθμόν.
ΔΙΌΝΥΣΟΣ
τί δ' εἰς ἔρωτα τοῦδε πέπτωκας μέγαν;
ΠΕΝΘΕΎΣ
λυπρῶς νιν εἰσίδοιμ' ἂν ἐξῳνωμένας.

ΔΙΌΝΥΣΟΣ
ὅμως δ' ἴδοις ἂν ἡδέως ἅ σοι πικρά; 815
ΠΕΝΘΕΎΣ
σάφ' ἴσθι, σιγῇ γ' ὑπ' ἐλάταις καθήμενος.
ΔΙΌΝΥΣΟΣ
ἀλλ' ἐξιχνεύσουσίν σε, κἂν ἔλθῃς λάθρᾳ.
ΠΕΝΘΕΎΣ
ἀλλ' ἐμφανῶς· καλῶς γὰρ ἐξεῖπας τάδε.
ΔΙΌΝΥΣΟΣ
ἄγωμεν οὖν σε κἀπιχειρήσεις ὁδῷ;
ΠΕΝΘΕΎΣ
ἄγ' ὡς τάχιστα, τοῦ χρόνου δέ σοι φθονῶ. 820
ΔΙΌΝΥΣΟΣ
στεῖλαί νυν ἀμφὶ χρωτὶ βυσσίνους πέπλους.
ΠΕΝΘΕΎΣ
τί δὴ τόδ'; ἐς γυναῖκας ἐξ ἀνδρὸς τελῶ;
ΔΙΌΝΥΣΟΣ
μή σε κτάνωσιν, ἢν ἀνὴρ ὀφθῇς ἐκεῖ.
ΠΕΝΘΕΎΣ
εὖ γ' εἶπας αὖ τόδ'· ὥς τις εἶ πάλαι σοφός.
ΔΙΌΝΥΣΟΣ
Διόνυσος ἡμᾶς ἐξεμούσωσεν τάδε. 825
ΠΕΝΘΕΎΣ
πῶς οὖν γένοιτ' ἂν ἃ σύ με νουθετεῖς καλῶς;
ΔΙΌΝΥΣΟΣ
ἐγὼ στελῶ σε δωμάτων ἔσω μολών.
ΠΕΝΘΕΎΣ
τίνα στολήν; ἦ θῆλυν; ἀλλ' αἰδώς μ' ἔχει.
ΔΙΌΝΥΣΟΣ
οὐκέτι θεατὴς μαινάδων πρόθυμος εἶ.
ΠΕΝΘΕΎΣ
στολὴν δὲ τίνα φῂς ἀμφὶ χρῶτ' ἐμὸν βαλεῖν; 830

ΔΙΌΝΥΣΟΣ
κόμην μὲν ἐπὶ σῷ κρατὶ ταναὸν ἐκτενῶ.
ΠΕΝΘΕΎΣ
τὸ δεύτερον δὲ σχῆμα τοῦ κόσμου τί μοι;
ΔΙΌΝΥΣΟΣ
πέπλοι ποδήρεις· ἐπὶ κάρᾳ δ' ἔσται μίτρα.
ΠΕΝΘΕΎΣ
ἦ καί τι πρὸς τοῖσδ' ἄλλο προσθήσεις ἐμοί;
ΔΙΌΝΥΣΟΣ
θύρσον γε χειρὶ καὶ νεβροῦ στικτὸν δέρας. 835
ΠΕΝΘΕΎΣ
οὐκ ἂν δυναίμην θῆλυν ἐνδῦναι στολήν.
ΔΙΌΝΥΣΟΣ
ἀλλ' αἷμα θήσεις συμβαλὼν βάκχαις μάχην.
ΠΕΝΘΕΎΣ
ὀρθῶς· μολεῖν χρὴ πρῶτον εἰς κατασκοπήν.
ΔΙΌΝΥΣΟΣ
σοφώτερον γοῦν ἢ κακοῖς θηρᾶν κακά.
ΠΕΝΘΕΎΣ
καὶ πῶς δι' ἄστεως εἶμι Καδμείους λαθών; 840
ΔΙΌΝΥΣΟΣ
ὁδοὺς ἐρήμους ἵμεν· ἐγὼ δ' ἡγήσομαι.
ΠΕΝΘΕΎΣ
πᾶν κρεῖσσον ὥστε μὴ 'γγελᾶν βάκχας ἐμοί.
ἐλθόντ' ἐς οἴκους ... ἂν δοκῇ βουλεύσομαι.
ΔΙΌΝΥΣΟΣ
ἔξεστι· πάντῃ τό γ' ἐμὸν εὐτρεπὲς πάρα.
ΠΕΝΘΕΎΣ
στείχοιμ' ἄν· ἢ γὰρ ὅπλ' ἔχων πορεύσομαι 845
ἢ τοῖσι σοῖσι πείσομαι βουλεύμασιν.
ΔΙΌΝΥΣΟΣ
γυναῖκες, ἀνὴρ ἐς βόλον καθίσταται, 848

ἥξει δὲ βάκχας, οὗ θανὼν δώσει δίκην. 847
Διόνυσε, νῦν σὸν ἔργον· οὐ γὰρ εἶ πρόσω· 849
τεισώμεθ' αὐτόν. πρῶτα δ' ἔκστησον φρενῶν, 850
ἐνεὶς ἐλαφρὰν λύσσαν· ὡς φρονῶν μὲν εὖ
οὐ μὴ θελήσῃ θῆλυν ἐνδῦναι στολήν,
ἔξω δ' ἐλαύνων τοῦ φρονεῖν ἐνδύσεται.
χρῄζω δέ νιν γέλωτα Θηβαίοις ὀφλεῖν
γυναικόμορφον ἀγόμενον δι' ἄστεως 855
ἐκ τῶν ἀπειλῶν τῶν πρίν, αἷσι δεινὸς ἦν.
ἀλλ' εἶμι κόσμον ὅνπερ εἰς Ἅιδου λαβὼν
ἄπεισι μητρὸς ἐκ χεροῖν κατασφαγείς,
Πενθεῖ προσάψων· γνώσεται δὲ τὸν Διὸς
Διόνυσον, ὃς πέφυκεν ἐν τέλει θεός, 860
δεινότατος, ἀνθρώποισι δ' ἠπιώτατος.

ΧΟΡΌΣ
ἆρ' ἐν παννυχίοις χοροῖς
θήσω ποτὲ λευκὸν
πόδ' ἀναβακχεύουσα, δέραν
εἰς αἰθέρα δροσερὸν ῥίπτουσ', 865
ὡς νεβρὸς χλοεραῖς ἐμπαί-
ζουσα λείμακος ἡδοναῖς,
ἡνίκ' ἂν φοβερὰν φύγῃ
θήραν ἔξω φυλακᾶς
εὐπλέκτων ὑπὲρ ἀρκύων, 870
θωΰσσων δὲ κυναγέτας
συντείνῃ δράμημα κυνῶν·
μόχθοις τ' ὠκυδρόμοις τ' ἀέλ-
λαις θρῴσκει πεδίον
παραποτάμιον, ἡδομένα
βροτῶν ἐρημίαις σκιαρο- 875
κόμοιό τ' ἔρνεσιν ὕλας.
τί τὸ σοφόν; ἢ τί τὸ κάλλιον

παρὰ θεῶν γέρας ἐν βροτοῖς
ἢ χεῖρ' ὑπὲρ κορυφᾶς
τῶν ἐχθρῶν κρείσσω κατέχειν; 880
ὅ τι καλὸν φίλον ἀεί.
ὁρμᾶται μόλις, ἀλλ' ὅμως
πιστόν <τι> τὸ θεῖον
σθένος· ἀπευθύνει δὲ βροτῶν
τούς τ' ἀγνωμοσύναν τιμῶν- 885
τας καὶ μὴ τὰ θεῶν αὔξον-
τας σὺν μαινομένᾳ δόξᾳ.
κρυπτεύουσι δὲ ποικίλως
δαρὸν χρόνου πόδα καὶ
θηρῶσιν τὸν ἄσεπτον. Οὐ 890
γὰρ κρεῖσσόν ποτε τῶν νόμων
γιγνώσκειν χρὴ καὶ μελετᾶν.
κούφα γὰρ δαπάνα νομί-
ζειν ἆσχὺν τόδ' ἔχειν,
ὅ τι ποτ' ἄρα τὸ δαιμόνιον,
τό τ' ἐν χρόνῳ μακρῷ νόμιμον 895
ἀεὶ φύσει τε πεφυκός.
τί τὸ σοφόν; ἢ τί τὸ κάλλιον
παρὰ θεῶν γέρας ἐν βροτοῖς
ἢ χεῖρ' ὑπὲρ κορυφᾶς
τῶν ἐχθρῶν κρείσσω κατέχειν; 900
ὅ τι καλὸν φίλον ἀεί.
εὐδαίμων μὲν ὃς ἐκ θαλάσσας
ἔφυγε χεῖμα, λιμένα δ' ἔκιχεν·
εὐδαίμων δ' ὃς ὕπερθε μόχθων
ἐγένεθ'· ἑτέρᾳ δ' ἕτερος ἕτερον 905
ὄλβῳ καὶ δυνάμει παρῆλθεν.
μυρίαι δ' ἔτι μυρίοις
εἰσὶν ἐλπίδες· αἳ μὲν

τελευτῶσιν ἐν ὄλβῳ
βροτοῖς, αἳ δ' ἀπέβησαν·
τὸ δὲ κατ' ἦμαρ ὅτῳ βίοτος 910
εὐδαίμων, μακαρίζω.
ΔΙΌΝΥΣΟΣ
σὲ τὸν πρόθυμον ὄνθ' ἃ μὴ χρεὼν ὁρᾶν
σπεύδοντά τ' ἀσπούδαστα, Πενθέα λέγω,
ἔξιθι πάροιθε δωμάτων, ὄφθητί μοι,
σκευὴν γυναικὸς μαινάδος βάκχης ἔχων, 915
μητρός τε τῆς σῆς καὶ λόχου κατάσκοπος·
πρέπεις δὲ Κάδμου θυγατέρων μορφὴν μιᾷ.
ΠΕΝΘΕΎΣ
καὶ μὴν ὁρᾶν μοι δύο μὲν ἡλίους δοκῶ,
δισσὰς δὲ Θήβας καὶ πόλισμ' ἑπτάστομον·
καὶ ταῦρος ἡμῖν πρόσθεν ἡγεῖσθαι δοκεῖς 920
καὶ σῷ κέρατα κρατὶ προσπεφυκέναι.
ἀλλ' ἦ ποτ' ἦσθα θήρ; τεταύρωσαι γὰρ οὖν.
ΔΙΌΝΥΣΟΣ
ὁ θεὸς ὁμαρτεῖ, πρόσθεν ὢν οὐκ εὐμενής,
ἔνσπονδος ἡμῖν· νῦν δ' ὁρᾷς ἃ χρή σ' ὁρᾶν.
ΠΕΝΘΕΎΣ
τί φαίνομαι δῆτ'; οὐχὶ τὴν Ἰνοῦς στάσιν 925
ἢ τὴν Ἀγαύης ἑστάναι, μητρός γ' ἐμῆς;
ΔΙΌΝΥΣΟΣ
αὐτὰς ἐκείνας εἰσορᾶν δοκῶ σ' ὁρῶν.
ἀλλ' ἐξ ἕδρας σοι πλόκαμος ἐξέστηχ' ὅδε,
οὐχ ὡς ἐγώ νιν ὑπὸ μίτρᾳ καθήρμοσα.
ΠΕΝΘΕΎΣ
ἔνδον προσείων αὐτὸν ἀνασείων τ' ἐγὼ 930
καὶ βακχιάζων ἐξ ἕδρας μεθώρμισα.
ΔΙΌΝΥΣΟΣ
ἀλλ' αὐτὸν ἡμεῖς, οἷς σε θεραπεύειν μέλει,

πάλιν καταστελοῦμεν· ἀλλ' ὄρθου κάρα.
ΠΕΝΘΕΎΣ
ἰδού, σὺ κόσμει· σοὶ γὰρ ἀνακείμεσθα δή.
ΔΙΌΝΥΣΟΣ
ζῶναί τέ σοι χαλῶσι κοὐχ ἐξῆς πέπλων 935
στολίδες ὑπὸ σφυροῖσι τείνουσιν σέθεν.
ΠΕΝΘΕΎΣ
κἀμοὶ δοκοῦσι παρά γε δεξιὸν πόδα·
τἀνθένδε δ' ὀρθῶς παρὰ τένοντ' ἔχει πέπλος.
ΔΙΌΝΥΣΟΣ
ἦ πού με τῶν σῶν πρῶτον ἡγήσῃ φίλων,
ὅταν παρὰ λόγον σώφρονας βάκχας ἴδῃς. 940
ΠΕΝΘΕΎΣ
πότερα δὲ θύρσον δεξιᾷ λαβὼν χερὶ
ἢ τῇδε, βάκχῃ μᾶλλον εἰκασθήσομαι;
ΔΙΌΝΥΣΟΣ
ἐν δεξιᾷ χρὴ χἄμα δεξιῷ ποδὶ
αἴρειν νιν· αἰνῶ δ' ὅτι μεθέστηκας φρενῶν.
ΠΕΝΘΕΎΣ
ἆρ' ἂν δυναίμην τὰς Κιθαιρῶνος πτυχὰς 945
αὐταῖσι βάκχαις τοῖς ἐμοῖς ὤμοις φέρειν;
ΔΙΌΝΥΣΟΣ
δύναι' ἄν, εἰ βούλοιο· τὰς δὲ πρὶν φρένας
οὐκ εἶχες ὑγιεῖς, νῦν δ' ἔχεις οἵας σε δεῖ.
ΠΕΝΘΕΎΣ
μοχλοὺς φέρωμεν; ἢ χεροῖν ἀνασπάσω
κορυφαῖς ὑποβαλὼν ὦμον ἢ βραχίονα; 950
ΔΙΌΝΥΣΟΣ
μὴ σύ γε τὰ Νυμφῶν διολέσῃς ἱδρύματα
καὶ Πανὸς ἕδρας ἔνθ' ἔχει συρίγματα.
ΠΕΝΘΕΎΣ
καλῶς ἔλεξας· οὐ σθένει νικητέον

γυναῖκας· ἐλάταισιν δ' ἐμὸν κρύψω δέμας.
ΔΙΌΝΥΣΟΣ
κρύψῃ σὺ κρύψιν ἥν σε κρυφθῆναι χρεών, 955
ἐλθόντα δόλιον μαινάδων κατάσκοπον.
ΠΕΝΘΕΎΣ
καὶ μὴν δοκῶ σφᾶς ἐν λόχμαις ὄρνιθας ὣς
λέκτρων ἔχεσθαι φιλτάτοις ἐν ἔρκεσιν.
ΔΙΌΝΥΣΟΣ
οὐκοῦν ἐπ' αὐτὸ τοῦτ' ἀποστέλλῃ φύλαξ·
λήψῃ δ' ἴσως σφᾶς, ἢν σὺ μὴ ληφθῇς πάρος. 960
ΠΕΝΘΕΎΣ
κόμιζε διὰ μέσης με Θηβαίας χθονός·
μόνος γὰρ αὐτῶν εἴμ' ἀνὴρ τολμῶν τόδε.
ΔΙΌΝΥΣΟΣ
μόνος σὺ πόλεως τῆσδ' ὑπερκάμνεις, μόνος·
τοιγάρ σ' ἀγῶνες ἀναμένουσιν οὓς ἐχρῆν.
ἕπου δέ· πομπὸς [δ'] εἴμ' ἐγὼ σωτήριος, 965
κεῖθεν δ' ἀπάξει σ' ἄλλος.
ΠΕΝΘΕΎΣ
ἡ τεκοῦσά γε.
ΔΙΌΝΥΣΟΣ
ἐπίσημον ὄντα πᾶσιν.
ΠΕΝΘΕΎΣ
ἐπὶ τόδ' ἔρχομαι.
ΔΙΌΝΥΣΟΣ
φερόμενος ἤξεις ...
ΠΕΝΘΕΎΣ
ἁβρότητ' ἐμὴν λέγεις.
ΔΙΌΝΥΣΟΣ
ἐν χερσὶ μητρός.
ΠΕΝΘΕΎΣ
καὶ τρυφᾶν μ' ἀναγκάσεις.

ΔΙΌΝΥΣΟΣ
τρυφᾷς γε τοιάσδε. 970
ΠΕΝΘΕΎΣ
ἀξίων μὲν ἅπτομαι.
ΔΙΌΝΥΣΟΣ
δεινὸς σὺ δεινὸς κἀπὶ δείν' ἔρχῃ πάθη,
ὥστ' οὐρανῷ στηρίζον εὑρήσεις κλέος.
ἔκτειν', Ἀγαύη, χεῖρας αἵ θ' ὁμόσποροι
Κάδμου θυγατέρες· τὸν νεανίαν ἄγω
τόνδ' εἰς ἀγῶνα μέγαν, ὁ νικήσων δ' ἐγὼ 975
καὶ Βρόμιος ἔσται. τἄλλα δ' αὐτὸ σημανεῖ.
ΧΟΡΌΣ
ἴτε θοαὶ Λύσσας κύνες ἴτ' εἰς ὄρος,
θίασον ἔνθ' ἔχουσι Κάδμου κόραι,
ἀνοιστρήσατέ νιν
ἐπὶ τὸν ἐν γυναικομίμῳ στολᾷ 980
λυσσώδη κατάσκοπον μαινάδων.
μάτηρ πρῶτά νιν λευρᾶς ἀπὸ πέτρας
ἢ σκόλοπος ὄψεται
δοκεύοντα, μαινάσιν δ' ἀπύσει·
Τίς ὅδ' ὀρειδρόμων 985
μαστὴρ Καδμείων ἐς ὄρος ἐς ὄρος ἔμολ'
ἔμολεν, ὦ βάκχαι; τίς ἄρα νιν ἔτεκεν;
οὐ γὰρ ἐξ αἵματος
γυναικῶν ἔφυ, λεαίνας δέ τινος
ὅδ' ἢ Γοργόνων Λιβυσσᾶν γένος. 990
ἴτω δίκα φανερός, ἴτω ξιφηφόρος 992
φονεύουσα λαιμῶν διαμπὰξ
τὸν ἄθεον ἄνομον ἄδικον Ἐχίονος 995
γόνον γηγενῆ.
ὃς ἀδίκῳ γνώμᾳ παρανόμῳ τ' ὀργᾷ
περὶ <σὰ> Βάκχι', ὄργια ματρός τε σᾶς

μανείσᾳ πραπίδι
παρακόπῳ τε λήματι στέλλεται, 1000
τἀνίκατον ὡς κρατήσων βίᾳ,
γνωμᾶν σωφρόνα θάνατος ἀπροφάσι-
στος ἐς τὰ θεῶν ἔφυ·
βροτείως τ' ἔχειν ἄλυπος βίος.
τὸ σοφὸν οὐ φθονῶ· 1005
χαίρω θηρεύουσα· τὰ δ' ἕτερα μεγάλα
φανερά τ'· ὦ, νάει<ν> ἐπὶ τὰ καλὰ βίον,
ἦμαρ ἐς νύκτα τ' εὐ-
αγοῦντ' εὐσεβεῖν, τὰ δ' ἔξω νόμιμα
δίκας ἐκβαλόντα τιμᾶν θεούς. 1010
ἴτω δίκα φανερός, ἴτω ξιφηφόρος 1013
φονεύουσα λαιμῶν διαμπὰξ
τὸν ἄθεον ἄνομον ἄδικον Ἐχίονος 1015
τόκον γηγενῆ.
φάνηθι ταῦρος ἢ πολύκρανος ἰδεῖν 1018
δράκων ἢ πυριφλέγων ὀρᾶσθαι λέων.
ἴθ', ὦ Βάκχε, θηραγρευτᾷ βακχᾶν 1020
γελῶντι προσώπῳ περίβαλε βρόχον
θανάσιμον ὑπ' ἀγέλαν πεσόν-
τι τὰν μαινάδων.

ἌΓΓΕΛΟΣ Β
ὦ δῶμ' ὃ πρίν ποτ' εὐτύχεις ἀν' Ἑλλάδα,
Σιδωνίου γέροντος, ὃς τὸ γηγενὲς 1025
δράκοντος ἔσπειρ' Ὄφεος ἐν γαίᾳ θέρος,
ὥς σε στενάζω, δοῦλος ὢν μέν, ἀλλ' ὅμως
[χρηστοῖσι δούλοις συμφορὰ τὰ δεσποτῶν].

ΧΟΡΌΣ
τί δ' ἔστιν; ἐκ βακχῶν τι μηνύεις νέον;

ἌΓΓΕΛΟΣ
Πενθεὺς ὄλωλεν, παῖς Ἐχίονος πατρός. 1030

ΧΟΡΌΣ
ὦναξ Βρόμιε, θεὸς φαίνῃ μέγας.
ἌΓΓΕΛΟΣ
πῶς φῄς; τί τοῦτ' ἔλεξας; ἦ 'πὶ τοῖς ἐμοῖς
χαίρεις κακῶς πράσσουσι δεσπόταις, γύναι;
ΧΟΡΌΣ
εὐάζω ξένα μέλεσι βαρβάροις·
οὐκέτι γὰρ δεσμῶν ὑπὸ φόβῳ πτήσσω. 1035
ἌΓΓΕΛΟΣ
Θήβας δ' ἀνάνδρους ὧδ' ἄγεις...
*
ΧΟΡΌΣ
ὁ Διόνυσος ὁ Διόνυσος, οὐ Θῆβαι
κράτος ἔχουσ' ἐμόν.
ἌΓΓΕΛΟΣ
συγγνωστὰ μέν σοι, πλὴν ἐπ' ἐξειργασμένοις
κακοῖσι χαίρειν, ὦ γυναῖκες, οὐ καλόν. 1040
ΧΟΡΌΣ
ἔννεπέ μοι, φράσον, τίνι μόρῳ θνῄσκει
ἄδικος ἄδικά τ' ἐκπορίζων ἀνήρ;
ἌΓΓΕΛΟΣ
ἐπεὶ θεράπνας τῆσδε Θηβαίας χθονὸς
λιπόντες ἐξέβημεν Ἀσωποῦ ῥοάς,
λέπας Κιθαιρώνειον εἰσεβάλλομεν 1045
Πενθεύς τε κἀγώ--δεσπότῃ γὰρ εἱπόμην--
ξένος θ' ὃς ἡμῖν πομπὸς ἦν θεωρίας.
πρῶτον μὲν οὖν ποιηρὸν ἵζομεν νάπος,
τά τ' ἐκ ποδῶν σιγηλὰ καὶ γλώσσης ἄπο
σῴζοντες, ὡς ὁρῷμεν οὐχ ὁρώμενοι. 1050
ἦν δ' ἄγκος ἀμφίκρημνον, ὕδασι διάβροχον,
πεύκαισι συσκιάζον, ἔνθα μαινάδες
καθῆντ' ἔχουσαι χεῖρας ἐν τερπνοῖς πόνοις.

αἳ μὲν γὰρ αὐτῶν θύρσον ἐκλελοιπότα
κισσῷ κομήτην αὖθις ἐξανέστεφον, 1055
αἳ δ', ἐκλιποῦσαι ποικίλ' ὡς πῶλοι ζυγά,
βακχεῖον ἀντέκλαζον ἀλλήλαις μέλος.
Πενθεὺς δ' ὁ τλήμων θῆλυν οὐχ ὁρῶν ὄχλον
ἔλεξε τοιάδ'· Ὦ ξέν', οὗ μὲν ἕσταμεν,
οὐκ ἐξικνοῦμαι μαινάδων ὅσσοις νόθων· 1060
ὄχθων δ' ἔπ', ἀμβὰς ἐς ἐλάτην ὑψαύχενα,
ἴδοιμ' ἂν ὀρθῶς μαινάδων αἰσχρουργίαν.
τοὐντεῦθεν ἤδη τοῦ ξένου <τὸ> θαῦμ' ὁρῶ·
λαβὼν γὰρ ἐλάτης οὐράνιον ἄκρον κλάδον
κατῆγεν, ἦγεν, ἦγεν ἐς μέλαν πέδον· 1065
κυκλοῦτο δ' ὥστε τόξον ἢ κυρτὸς τροχὸς
τόρνῳ γραφόμενος περιφορὰν ἕλκει δρόμον·
ὣς κλῶν' ὄρειον ὁ ξένος χεροῖν ἄγων
ἔκαμπτεν ἐς γῆν, ἔργματ' οὐχὶ θνητὰ δρῶν.
Πενθέα δ' ἱδρύσας ἐλατίνων ὄζων ἔπι, 1070
ὀρθὸν μεθίει διὰ χερῶν βλάστημ' ἄνω
ἀτρέμα, φυλάσσων μὴ ἀναχαιτίσειέ νιν,
ὀρθὴ δ' ἐς ὀρθὸν αἰθέρ' ἐστηρίζετο,
ἔχουσα νώτοις δεσπότην ἐφήμενον·
ὤφθη δὲ μᾶλλον ἢ κατεῖδε μαινάδας. 1075
ὅσον γὰρ οὔπω δῆλος ἦν θάσσων ἄνω,
καὶ τὸν ξένον μὲν οὐκέτ' εἰσορᾶν παρῆν,
ἐκ δ' αἰθέρος φωνή τις, ὡς μὲν εἰκάσαι
Διόνυσος, ἀνεβόησεν· Ὦ νεάνιδες,
ἄγω τὸν ὑμᾶς κἀμὲ τἀμά τ' ὄργια 1080
γέλων τιθέμενον· ἀλλὰ τιμωρεῖσθέ νιν.
καὶ ταῦθ' ἅμ' ἠγόρευε καὶ πρὸς οὐρανὸν
καὶ γαῖαν ἐστήριξε φῶς σεμνοῦ πυρός.
σίγησε δ' αἰθήρ, σῖγα δ' ὕλιμος νάπη
φύλλ' εἶχε, θηρῶν δ' οὐκ ἂν ἤκουσας βοήν. 1085

αἳ δ' ὠσὶν ἠχὴν οὐ σαφῶς δεδεγμέναι
ἔστησαν ὀρθαὶ καὶ διήνεγκαν κόρας.
ὃ δ' αὖθις ἐπεκέλευσεν· ὡς δ' ἐγνώρισαν
σαφῆ κελευσμὸν Βακχίου Κάδμου κόραι,
ἦξαν πελείας ὠκύτητ' οὐχ ἥσσονες 1090
ποδῶν τρέχουσαι συντόνοις δραμήμασι,
μήτηρ Ἀγαύη σύγγονοί θ' ὁμόσποροι
πᾶσαί τε βάκχαι· διὰ δὲ χειμάρρου νάπης
ἀγμῶν τ' ἐπήδων θεοῦ πνοαῖσιν ἐμμανεῖς.
ὡς δ' εἶδον ἐλάτῃ δεσπότην ἐφήμενον, 1095
πρῶτον μὲν αὐτοῦ χερμάδας κραταιβόλους
ἔρριπτον, ἀντίπυργον ἐπιβᾶσαι πέτραν,
ὄζοισί τ' ἐλατίνοισιν ἠκοντίζετο.
ἄλλαι δὲ θύρσους ἵεσαν δι' αἰθέρος
Πενθέως, στόχον δύστηνον· ἀλλ' οὐκ ἤνυτον. 1100
κρεῖσσον γὰρ ὕψος τῆς προθυμίας ἔχων
καθῆσθ' ὁ τλήμων, ἀπορίᾳ λελημμένος.
τέλος δὲ δρυΐνους συγκεραυνοῦσαι κλάδους
ῥίζας ἀνεσπάρασσον ἀσιδήροις μοχλοῖς.
ἐπεὶ δὲ μόχθων τέρματ' οὐκ ἐξήνυτον, 1105
ἔλεξ' Ἀγαύη· Φέρε, περιστᾶσαι κύκλῳ
πτόρθου λάβεσθε, μαινάδες, τὸν ἀμβάτην
θῆρ' ὡς ἕλωμεν, μηδ' ἀπαγγείλῃ θεοῦ
χοροὺς κρυφαίους. αἳ δὲ μυρίαν χέρα
προσέθεσαν ἐλάτῃ κἀξανέσπασαν χθονός· 1110
ὑψοῦ δὲ θάσσων ὑψόθεν χαμαιριφὴς
πίπτει πρὸς οὖδας μυρίοις οἰμώγμασιν
Πενθεύς· κακοῦ γὰρ ἐγγὺς ὢν ἐμάνθανεν.
πρώτη δὲ μήτηρ ἦρξεν ἱερέα φόνου
καὶ προσπίτνει νιν· ὃ δὲ μίτραν κόμης ἄπο 1115
ἔρριψεν, ὥς νιν γνωρίσασα μὴ κτάνοι
τλήμων Ἀγαύη, καὶ λέγει, παρηίδος

ψαύων· Ἐγώ τοι, μῆτερ, εἰμί, παῖς σέθεν
Πενθεύς, ὃν ἔτεκες ἐν δόμοις Ἐχίονος·
οἴκτιρε δ' ὦ μῆτέρ με, μηδὲ ταῖς ἐμαῖς 1120
ἁμαρτίαισι παῖδα σὸν κατακτάνῃς.
ἣ δ' ἀφρὸν ἐξιεῖσα καὶ διαστρόφους
κόρας ἑλίσσουσ', οὐ φρονοῦσ' ἃ χρὴ φρονεῖν,
ἐκ Βακχίου κατείχετ', οὐδ' ἔπειθέ νιν.
λαβοῦσα δ' ὠλένης ἀριστερὰν χέρα, 1125
πλευραῖσιν ἀντιβᾶσα τοῦ δυσδαίμονος
ἀπεσπάραξεν ὦμον, οὐχ ὑπὸ σθένους,
ἀλλ' ὁ θεὸς εὐμάρειαν ἐπεδίδου χεροῖν·
Ἰνὼ δὲ τἀπὶ θάτερ' ἐξειργάζετο,
ῥηγνῦσα σάρκας, Αὐτονόη τ' ὄχλος τε πᾶς 1130
ἐπεῖχε βακχῶν· ἦν δὲ πᾶσ' ὁμοῦ βοή,
ὃ μὲν στενάζων ὅσον ἐτύγχαν' ἐμπνέων,
αἳ δ' ἠλάλαζον. ἔφερε δ' ἣ μὲν ὠλένην,
ἣ δ' ἴχνος αὐταῖς ἀρβύλαις· γυμνοῦντο δὲ
πλευραὶ σπαραγμοῖς· πᾶσα δ' ἡματωμένη 1135
χεῖρας διεσφαίριζε σάρκα Πενθέως.
κεῖται δὲ χωρὶς σῶμα, τὸ μὲν ὑπὸ στύφλοις
πέτραις, τὸ δ' ὕλης ἐν βαθυξύλῳ φόβῃ,
οὐ ῥᾴδιον ζήτημα· κρᾶτα δ' ἄθλιον,
ὅπερ λαβοῦσα τυγχάνει μήτηρ χεροῖν, 1140
πήξασ' ἐπ' ἄκρον θύρσον ὡς ὀρεστέρου
φέρει λέοντος διὰ Κιθαιρῶνος μέσου,
λιποῦσ' ἀδελφὰς ἐν χοροῖσι μαινάδων.
χωρεῖ δὲ θήρᾳ δυσπότμῳ γαυρουμένη
τειχέων ἔσω τῶνδ', ἀνακαλοῦσα Βάκχιον 1145
τὸν ξυγκύναγον, τὸν ξυνεργάτην ἄγρας,
τὸν καλλίνικον, ᾧ δάκρυα νικηφορεῖ.
ἐγὼ μὲν οὖν <τῇδ'> ἐκποδὼν τῇ ξυμφορᾷ
ἄπειμ', Ἀγαύην πρὶν μολεῖν πρὸς δώματα.

τὸ σωφρονεῖν δὲ καὶ σέβειν τὰ τῶν θεῶν 1150
κάλλιστον· οἶμαι δ' αὐτὸ καὶ σοφώτατον
θνητοῖσιν εἶναι κτῆμα τοῖσι χρωμένοις.
ΧΟΡΌΣ
ἀναχορεύσωμεν Βάκχιον,
ἀναβοάσωμεν ξυμφορὰν
τὰν τοῦ δράκοντος Πενθέος ἐκγενέτα· 1155
ὃς τὰν θηλυγενῆ στολὰν
νάρθηκά τε, πιστὸν Ἅιδαν,
ἔλαβεν εὔθυρσον,
ταῦρον προηγητῆρα συμφορᾶς ἔχων.
βάκχαι Καδμεῖαι, 1160
τὸν καλλίνικον κλεινὸν ἐξεπράξατε
ἐς στόνον, ἐς δάκρυα.
καλὸς ἀγών, χέρ' αἵματι στάζουσαν
περιβαλεῖν τέκνου.
ἀλλ', εἰσορῶ γὰρ ἐς δόμους ὁρμωμένην 1165
Πενθέως Ἀγαύην μητέρ' ἐν διαστρόφοις
ὄσσοις, δέχεσθε κῶμον εὐίου θεοῦ.
ἈΓΑΎΗ
Ἀσιάδες βάκχαι--
ΧΟΡΌΣ
τί μ' ὀροθύνεις, ὤ;
ἈΓΑΎΗ
φέρομεν ἐξ ὀρέων
ἕλικα νεότομον ἐπὶ μέλαθρα, 1170
μακάριον θήραν.
ΧΟΡΌΣ
ὁρῶ καί σε δέξομαι σύγκωμον.
ἈΓΑΎΗ
ἔμαρψα τόνδ' ἄνευ βρόχων
<λέοντος ἀγροτέρου> νέον ἶνιν·

ὡς ὁρᾶν πάρα. 1175
ΧΟΡΌΣ
πόθεν ἐρημίας;
ἈΓΑΎΗ
Κιθαιρών...
ΧΟΡΌΣ
Κιθαιρών;
ἈΓΑΎΗ
κατεφόνευσέ νιν.
ΧΟΡΌΣ
τίς ἁ βαλοῦσα;
ἈΓΑΎΗ
πρῶτον ἐμὸν τὸ γέρας.
μάκαιρ' Ἀγαύη κλῃζόμεθ' ἐν θιάσοις. 1180
ΧΟΡΌΣ
τίς ἄλλα;
ἈΓΑΎΗ
τὰ Κάδμου...
ΧΟΡΌΣ
τί Κάδμου;
ἈΓΑΎΗ
γένεθλα
μετ' ἐμὲ μετ' ἐμὲ τοῦδ' 1182b
ἔθιγε θηρός· εὐτυχής γ' ἅδ' ἄγρα.
ΧΟΡΌΣ
*
ἈΓΑΎΗ
μέτεχέ νυν θοίνας.
ΧΟΡΌΣ
τί; μετέχω, τλᾶμον;
ἈΓΑΎΗ
νέος ὁ μόσχος ἄρ- 1185

τι γένυν ὑπὸ κόρυθ' ἁπαλότριχα
κατάκομον θάλλει.
ΧΟΡΌΣ
πρέπει γ' ὥστε θὴρ ἄγραυλος φόβῃ.
ἈΓΑΎΗ
ὁ Βάκχιος κυναγέτας
σοφὸς σοφῶς ἀνέπηλ' ἐπὶ θῆρα 1190
τόνδε μαινάδας.
ΧΟΡΌΣ
ὁ γὰρ ἄναξ ἀγρεύς.
ἈΓΑΎΗ
ἐπαινεῖς;
ΧΟΡΌΣ
ἐπαινῶ.
ἈΓΑΎΗ
τάχα δὲ Καδμεῖοι...
ΧΟΡΌΣ
καὶ παῖς γε Πενθεὺς... 1195
ἈΓΑΎΗ
ματέρ' ἐπαινέσεται,
λαβοῦσαν ἄγραν τάνδε λεοντοφυῆ.
ΧΟΡΌΣ
περισσάν.
ἈΓΑΎΗ
περισσῶς.
ΧΟΡΌΣ
ἀγάλλῃ;
ἈΓΑΎΗ
γέγηθα,
μεγάλα μεγάλα καὶ 1198b
φανερὰ τᾷδ' ἄγρᾳ κατειργασμένα.

ΧΟΡΌΣ
δεῖξόν νυν, ὦ τάλαινα, σὴν νικηφόρον 1200
ἀστοῖσιν ἄγραν ἣν φέρουσ' ἐλήλυθας.
ἈΓΑΎΗ
ὦ καλλίπυργον ἄστυ Θηβαίας χθονὸς
ναίοντες, ἔλθεθ' ὡς ἴδητε τήνδ' ἄγραν,
Κάδμου θυγατέρες θηρὸς ἣν ἠγρεύσαμεν,
οὐκ ἀγκυλητοῖς Θεσσαλῶν στοχάσμασιν, 1205
οὐ δικτύοισιν, ἀλλὰ λευκοπήχεσι
χειρῶν ἀκμαῖσιν. κᾆτα κομπάζειν χρεὼν
καὶ λογχοποιῶν ὄργανα κτᾶσθαι μάτην;
ἡμεῖς δέ γ' αὐτῇ χειρὶ τόνδε θ' εἵλομεν,
χωρίς τε θηρὸς ἄρθρα διεφορήσαμεν. 1210
ποῦ μοι πατὴρ ὁ πρέσβυς; ἐλθέτω πέλας.
Πενθεύς τ' ἐμὸς παῖς ποῦ 'στιν; αἱρέσθω λαβὼν
πηκτῶν πρὸς οἴκους κλιμάκων προσαμβάσεις,
ὡς πασσαλεύσῃ κρᾶτα τριγλύφοις τόδε
λέοντος ὃν πάρειμι θηράσασ' ἐγώ. 1215
ΚΆΔΜΟΣ
ἕπεσθέ μοι φέροντες ἄθλιον βάρος
Πενθέως, ἕπεσθε, πρόσπολοι, δόμων πάρος,
οὗ σῶμα μόχθων μυρίοις ζητήμασιν
φέρω τόδ', εὑρὼν ἐν Κιθαιρῶνος πτυχαῖς
διασπαρακτόν, κοὐδὲν ἐν ταὐτῷ πέδῳ 1220
λαβών, ἐν ὕλῃ κείμενον δυσευρέτῳ.
ἤκουσα γάρ του θυγατέρων τολμήματα,
ἤδη κατ' ἄστυ τειχέων ἔσω βεβὼς
σὺν τῷ γέροντι Τειρεσίᾳ Βακχῶν πάρα·
πάλιν δὲ κάμψας εἰς ὄρος κομίζομαι 1225
τὸν κατθανόντα παῖδα Μαινάδων ὕπο.
καὶ τὴν μὲν Ἀκτέων' Ἀρισταίῳ ποτὲ
τεκοῦσαν εἶδον Αὐτονόην Ἰνώ θ' ἅμα

ἔτ' ἀμφὶ δρυμοὺς οἰστροπλῆγας ἀθλίας,
τὴν δ' εἶπέ τίς μοι δεῦρο βακχείῳ ποδὶ 1230
στείχειν Ἀγαύην, οὐδ' ἄκραντ' ἠκούσαμεν·
λεύσσω γὰρ αὐτήν, ὄψιν οὐκ εὐδαίμονα.
ΑΓΑΥΗ
πάτερ, μέγιστον κομπάσαι πάρεστί σοι,
πάντων ἀρίστας θυγατέρας σπεῖραι μακρῷ
θνητῶν· ἁπάσας εἶπον, ἐξόχως δ' ἐμέ, 1235
ἣ τὰς παρ' ἱστοῖς ἐκλιποῦσα κερκίδας
ἐς μεῖζον' ἥκω, θῆρας ἀγρεύειν χεροῖν.
φέρω δ' ἐν ὠλέναισιν, ὡς ὁρᾷς, τάδε
λαβοῦσα τἀριστεῖα, σοῖσι πρὸς δόμοις
ὡς ἀγκρεμασθῇ· σὺ δέ, πάτερ, δέξαι χεροῖν· 1240
γαυρούμενος δὲ τοῖς ἐμοῖς ἀγρεύμασιν
κάλει φίλους ἐς δαῖτα· μακάριος γὰρ εἶ,
μακάριος, ἡμῶν τοιάδ' ἐξειργασμένων.
ΚΑΔΜΟΣ
ὦ πένθος οὐ μετρητὸν οὐδ' οἷόν τ' ἰδεῖν,
φόνον ταλαίναις χερσὶν ἐξειργασμένων. 1245
καλὸν τὸ θῦμα καταβαλοῦσα δαίμοσιν
ἐπὶ δαῖτα Θήβας τάσδε κἀμὲ παρακαλεῖς.
οἴμοι κακῶν μὲν πρῶτα σῶν, ἔπειτ' ἐμῶν·
ὡς ὁ θεὸς ἡμᾶς ἐνδίκως μέν, ἀλλ' ἄγαν,
Βρόμιος ἄναξ ἀπώλεσ' οἰκεῖος γεγώς. 1250
ΑΓΑΥΗ
ὡς δύσκολον τὸ γῆρας ἀνθρώποις ἔφυ
ἔν τ' ὄμμασι σκυθρωπόν. εἴθε παῖς ἐμὸς
εὔθηρος εἴη, μητρὸς εἰκασθεὶς τρόποις,
ὅτ' ἐν νεανίαισι Θηβαίοις ἅμα
θηρῶν ὀριγνῷτ'· ἀλλὰ θεομαχεῖν μόνον 1255
οἷός τ' ἐκεῖνος. νουθετητέος, πάτερ,
σούστίν. τίς αὐτὸν δεῦρ' ἂν ὄψιν εἰς ἐμὴν

καλέσειεν, ὡς ἴδῃ με τὴν εὐδαίμονα;
ΚΆΔΜΟΣ
φεῦ φεῦ· φρονήσασαι μὲν οἷ' ἐδράσατε
ἀλγήσετ' ἄλγος δεινόν· εἰ δὲ διὰ τέλους 1260
ἐν τῷδ' ἀεὶ μενεῖτ' ἐν ᾧ καθέστατε,
οὐκ εὐτυχοῦσαι δόξετ' οὐχὶ δυστυχεῖν.
ΆΓΑΎΗ
τί δ' οὐ καλῶς τῶνδ' ἢ τί λυπηρῶς ἔχει;
ΚΆΔΜΟΣ
πρῶτον μὲν ἐς τόνδ' αἰθέρ' ὄμμα σὸν μέθες.
ΆΓΑΎΗ
ἰδού· τί μοι τόνδ' ἐξυπεῖπας εἰσορᾶν; 1265
ΚΆΔΜΟΣ
ἔθ' αὑτὸς ἤ σοι μεταβολὰς ἔχειν δοκεῖ;
ΆΓΑΎΗ
λαμπρότερος ἢ πρὶν καὶ διειπετέστερος.
ΚΆΔΜΟΣ
τὸ δὲ πτοηθὲν τόδ' ἔτι σῇ ψυχῇ πάρα;
ΆΓΑΎΗ
οὐκ οἶδα τοὔπος τοῦτο. γίγνομαι δέ πως
ἔννους, μετασταθεῖσα τῶν πάρος φρενῶν. 1270
ΚΆΔΜΟΣ
κλύοις ἂν οὖν τι κἀποκρίναι' ἂν σαφῶς;
ΆΓΑΎΗ
ὡς ἐκλέλησμαί γ' ἃ πάρος εἴπομεν, πάτερ.
ΚΆΔΜΟΣ
ἐς ποῖον ἦλθες οἶκον ὑμεναίων μέτα;
ΆΓΑΎΗ
Σπαρτῷ μ' ἔδωκας, ὡς λέγουσ', Ἐχίονι.
ΚΆΔΜΟΣ
τίς οὖν ἐν οἴκοις παῖς ἐγένετο σῷ πόσει; 1275

ΆΓΑΎΗ
Πενθεύς, ἐμῇ τε καὶ πατρὸς κοινωνίᾳ.
ΚΆΔΜΟΣ
τίνος πρόσωπον δῆτ' ἐν ἀγκάλαις ἔχεις;
ΆΓΑΎΗ
λέοντος, ὥς γ' ἔφασκον αἱ θηρώμεναι.
ΚΆΔΜΟΣ
σκέψαι νυν ὀρθῶς· βραχὺς ὁ μόχθος εἰσιδεῖν.
ΆΓΑΎΗ
ἔα, τί λεύσσω; τί φέρομαι τόδ' ἐν χεροῖν; 1280
ΚΆΔΜΟΣ
ἄθρησον αὐτὸ καὶ σαφέστερον μάθε.
ΆΓΑΎΗ
ὁρῶ μέγιστον ἄλγος ἡ τάλαιν' ἐγώ.
ΚΆΔΜΟΣ
μῶν σοι λέοντι φαίνεται προσεικέναι;
ΆΓΑΎΗ
οὔκ, ἀλλὰ Πενθέως ἡ τάλαιν' ἔχω κάρα.
ΚΆΔΜΟΣ
ᾠμωγμένον γε πρόσθεν ἢ σὲ γνωρίσαι. 1285
ΆΓΑΎΗ
τίς ἔκτανέν νιν; --πῶς ἐμὰς ἦλθεν χέρας;
ΚΆΔΜΟΣ
δύστην' ἀλήθει', ὡς ἐν οὐ καιρῷ πάρει.
ΆΓΑΎΗ
λέγ', ὡς τὸ μέλλον καρδία πήδημ' ἔχει.
ΚΆΔΜΟΣ
σύ νιν κατέκτας καὶ κασίγνηται σέθεν.
ΆΓΑΎΗ
ποῦ δ' ὤλετ'; ἢ κατ' οἶκον; ἢ ποίοις τόποις; 1290
ΚΆΔΜΟΣ
οὗπερ πρὶν Ἀκτέωνα διέλαχον κύνες.

ΑΓΑΥΗ
τί δ' ἐς Κιθαιρῶν' ἦλθε δυσδαίμων ὅδε;
ΚΑΔΜΟΣ
ἐκερτόμει θεὸν σάς τε βακχείας μολών.
ΑΓΑΥΗ
ἡμεῖς δ' ἐκεῖσε τίνι τρόπῳ κατήραμεν;
ΚΑΔΜΟΣ
ἐμάνητε, πᾶσά τ' ἐξεβακχεύθη πόλις. 1295
ΑΓΑΥΗ
Διόνυσος ἡμᾶς ὤλεσ', ἄρτι μανθάνω.
ΚΑΔΜΟΣ
ὕβριν <γ'> ὑβρισθείς· θεὸν γὰρ οὐχ ἡγεῖσθέ νιν.
ΑΓΑΥΗ
τὸ φίλτατον δὲ σῶμα ποῦ παιδός, πάτερ;
ΚΑΔΜΟΣ
ἐγὼ μόλις τόδ' ἐξερευνήσας φέρω.
ΑΓΑΥΗ
ἦ πᾶν ἐν ἄρθροις συγκεκλημένον καλῶς; 1300
ΚΑΔΜΟΣ
*

ΑΓΑΥΗ
Πενθεῖ δὲ τί μέρος ἀφροσύνης προσῆκ' ἐμῆς;
ΚΑΔΜΟΣ
ὑμῖν ἐγένεθ' ὅμοιος, οὐ σέβων θεόν.
τοιγὰρ συνῆψε πάντας ἐς μίαν βλάβην,
ὑμᾶς τε τόνδε θ', ὥστε διολέσαι δόμους
κἄμ', ὅστις ἄτεκνος ἀρσένων παίδων γεγὼς 1305
τῆς σῆς τόδ' ἔρνος, ὦ τάλαινα, νηδύος
αἴσχιστα καὶ κάκιστα κατθανόνθ' ὁρῶ,
ᾧ δῶμ' ἀνέβλεφ'--ὃς συνεῖχες, ὦ τέκνον,
τοὐμὸν μέλαθρον, παιδὸς ἐξ ἐμῆς γεγώς,
πόλει τε τάρβος ἦσθα· τὸν γέροντα δὲ 1310

οὐδεὶς ὑβρίζειν ἤθελ' εἰσορῶν τὸ σὸν
κάρα· δίκην γὰρ ἀξίαν ἐλάμβανες.
νῦν δ' ἐκ δόμων ἄτιμος ἐκβεβλήσομαι
ὁ Κάδμος ὁ μέγας, ὃς τὸ Θηβαίων γένος
ἔσπειρα κἀξήμησα κάλλιστον θέρος. 1315
ὦ φίλτατ' ἀνδρῶν--καὶ γὰρ οὐκέτ' ὢν ὅμως
τῶν φιλτάτων ἔμοιγ' ἀριθμήσῃ, τέκνον--
οὐκέτι γενείου τοῦδε θιγγάνων χερί,
τὸν <μητρὸς> αὐδῶν <πατέρα> προσπτύξῃ, τέκνον,
λέγων· Τίς ἀδικεῖ, τίς σ' ἀτιμάζει, γέρον; 1320
τίς σὴν ταράσσει καρδίαν λυπηρὸς ὤν;
λέγ', ὡς κολάζω τὸν ἀδικοῦντά σ', ὦ πάτερ.
νῦν δ' ἄθλιος μέν εἰμ' ἐγώ, τλήμων δὲ σύ.
οἰκτρὰ δὲ μήτηρ, τλήμονες δὲ σύγγονοι.
εἰ δ' ἔστιν ὅστις δαιμόνων ὑπερφρονεῖ, 1325
ἐς τοῦδ' ἀθρήσας θάνατον ἡγείσθω θεούς.

ΧΟΡΌΣ
τὸ μὲν σὸν ἀλγῶ, Κάδμε· σὸς δ' ἔχει δίκην
παῖς παιδὸς ἀξίαν μέν, ἀλγεινὴν δὲ σοί.

ΆΓΑΎΗ
ὦ πάτερ, ὁρᾷς γὰρ τἄμ' ὅσῳ μετεστράφη ...
*

ΔΙΌΝΥΣΟΣ
δράκων γενήσῃ μεταβαλών, δάμαρ τε σὴ 1330
ἐκθηριωθεῖσ' ὄφεος ἀλλάξει τύπον,
ἣν Ἄρεος ἔσχες Ἁρμονίαν θνητὸς γεγώς.
ὄχον δὲ μόσχων, χρησμὸς ὡς λέγει Διός,
ἐλᾷς μετ' ἀλόχου, βαρβάρων ἡγούμενος.
πολλὰς δὲ πέρσεις ἀναρίθμῳ στρατεύματι 1335
πόλεις· ὅταν δὲ Λοξίου χρηστήριον
διαρπάσωσι, νόστον ἄθλιον πάλιν
σχήσουσι· σὲ δ' Ἄρης Ἁρμονίαν τε ῥύσεται

μακάρων τ' ἐς αἶαν σὸν καθιδρύσει βίον.
ταῦτ' οὐχὶ θνητοῦ πατρὸς ἐκγεγὼς λέγω 1340
Διόνυσος, ἀλλὰ Ζηνός· εἰ δὲ σωφρονεῖν
ἔγνωθ', ὅτ' οὐκ ἠθέλετε, τὸν Διὸς γόνον
εὐδαιμονεῖτ' ἂν σύμμαχον κεκτημένοι.
ΚΆΔΜΟΣ
Διόνυσε, λισσόμεσθά σ', ἠδικήκαμεν.
ΔΙΌΝΥΣΟΣ
ὄψ' ἐμάθεθ' ἡμᾶς, ὅτε δὲ χρῆν, οὐκ ᾔδετε. 1345
ΚΆΔΜΟΣ
ἐγνώκαμεν ταῦτ'· ἀλλ' ἐπεξέρχῃ λίαν.
ΔΙΌΝΥΣΟΣ
καὶ γὰρ πρὸς ὑμῶν θεὸς γεγὼς ὑβριζόμην.
ΚΆΔΜΟΣ
ὀργὰς πρέπει θεοὺς οὐχ ὁμοιοῦσθαι βροτοῖς.
ΔΙΌΝΥΣΟΣ
πάλαι τάδε Ζεὺς οὑμὸς ἐπένευσεν πατήρ.
ἈΓΑΎΗ
αἰαῖ, δέδοκται, πρέσβυ, τλήμονες φυγαί. 1350
ΔΙΌΝΥΣΟΣ
τί δῆτα μέλλεθ' ἅπερ ἀναγκαίως ἔχει;
ΚΆΔΜΟΣ
ὦ τέκνον, ὡς ἐς δεινὸν ἤλθομεν κακὸν
<πάντες,> σύ θ' ἡ τάλαινα σύγγονοί τε σαί,
ἐγώ θ' ὁ τλήμων· βαρβάρους ἀφίξομαι
γέρων μέτοικος· ἔτι δέ μοι τὸ θέσφατον 1355
ἐς Ἑλλάδ' ἀγαγεῖν μιγάδα βάρβαρον στρατόν.
καὶ τὴν Ἄρεως παῖδ' Ἁρμονίαν, δάμαρτ' ἐμήν,
δράκων δρακαίνης <φύσιν> ἔχουσαν ἀγρίαν
ἄξω 'πὶ βωμοὺς καὶ τάφους Ἑλληνικούς,
ἡγούμενος λόγχαισιν· οὐδὲ παύσομαι 1360
κακῶν ὁ τλήμων, οὐδὲ τὸν καταιβάτην

Ἀχέροντα πλεύσας ἥσυχος γενήσομαι.
ἈΓΑΎΗ
ὦ πάτερ, ἐγὼ δὲ σοῦ στερεῖσα φεύξομαι.
ΚἌΔΜΟΣ
τί μ' ἀμφιβάλλεις χερσίν, ὦ τάλαινα παῖ,
ὄρνις ὅπως κηφῆνα πολιόχρων κύκνος; 1365
ἈΓΑΎΗ
ποῖ γὰρ τράπωμαι πατρίδος ἐκβεβλημένη;
ΚἌΔΜΟΣ
οὐκ οἶδα, τέκνον· μικρὸς ἐπίκουρος πατήρ.
ἈΓΑΎΗ
χαῖρ', ὦ μέλαθρον, χαῖρ', ὦ πατρία
πόλις· ἐκλείπω σ' ἐπὶ δυστυχίᾳ
φυγὰς ἐκ θαλάμων. 1370
ΚἌΔΜΟΣ
στεῖχέ νυν, ὦ παῖ, τὸν Ἀρισταίου ...
*
ἈΓΑΎΗ
στένομαί σε, πάτερ.
ΚἌΔΜΟΣ
κἀγὼ <σέ>, τέκνον,
καὶ σὰς ἐδάκρυσα κασιγνήτας.
ἈΓΑΎΗ
δεινῶς γὰρ τάνδ' αἰκείαν
Διόνυσος ἄναξ τοὺς σοὺς εἰς 1375
οἴκους ἔφερεν.
ΔΙΌΝΥΣΟΣ
καὶ γὰρ ἔπασχον δεινὰ πρὸς ὑμῶν,
ἀγέραστον ἔχων ὄνομ' ἐν Θήβαις.
ἈΓΑΎΗ
χαῖρε, πάτερ, μοι.
ΚἌΔΜΟΣ

χαῖρ', ὦ μελέα
θύγατερ. χαλεπῶς <δ'> ἐς τόδ' ἂν ἥκοις. 1380
ΑΓΑΎΗ
ἄγετ', ὦ πομποί, με κασιγνήτας
ἵνα συμφυγάδας ληψόμεθ' οἰκτράς.
ἔλθοιμι δ' ὅπου
μήτε Κιθαιρὼν <ἔμ' ἴδοι> μιαρὸς
μήτε Κιθαιρῶν' ὄσσοισιν ἐγώ, 1385
μήθ' ὅθι θύρσου μνῆμ' ἀνάκειται·
Βάκχαις δ' ἄλλαισι μέλοιεν.
ΧΟΡΌΣ
πολλαὶ μορφαὶ τῶν δαιμονίων,
πολλὰ δ' ἀέλπτως κραίνουσι θεοί·
καὶ τὰ δοκηθέντ' οὐκ ἐτελέσθη, 1390
τῶν δ' ἀδοκήτων πόρον ηὗρε θεός.
τοιόνδ' ἀπέβη τόδε πρᾶγμα.

Also Available from JiaHu Books

Ιλιάς - The Iliad (Ancient Greek) - 978909669222

Οδύσσεια - The Odyssey (Ancient Greek) - 978909669260

Ἀνάβασις - Anabasis (Ancient Greek) 978909669321

Metamorphoses – Ovid (Latin) 978909669352

Satyricon (Latin) - 9781909669789

Metamorphoses – Asinus Aureus (Latin) - 978190966980-2

Egils Saga (Old Norse) – 978909669093

अभीज्ञानशाकु न्ताकम्- Recognition of Sakuntala (Sanskrit) - 978909669192

www.ingramcontent.com/pod-product-compliance
Lightning Source LLC
Chambersburg PA
CBHW031406040426
42444CB00005B/444